# LEADING
# 〈尊厳〉の
# WITH
# リーダーシップ
# DIGNITY

## 人や組織の内なる力を引き出す
## ディグニティ・モデル

ドナ・ヒックス

ジェフリー・メンセンディーク 訳

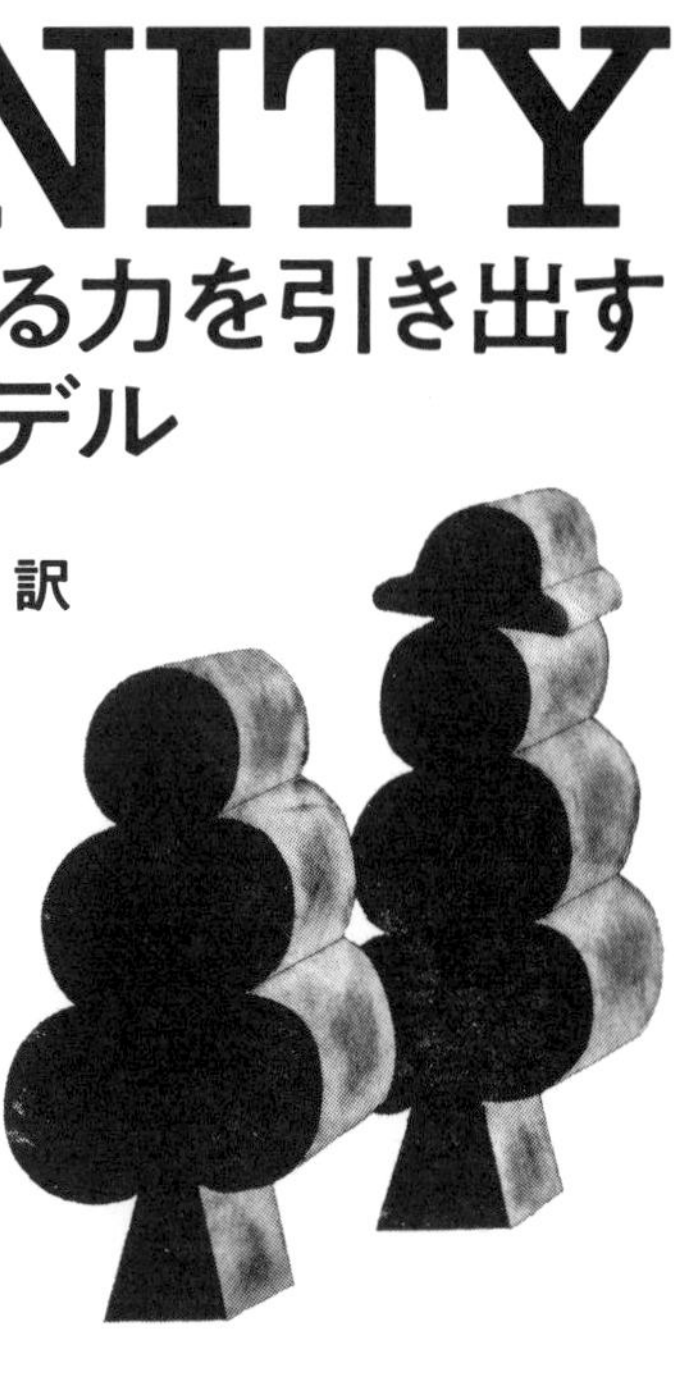

晶文社

装丁　菊地昌隆＋佐藤直樹（アジール）
イラスト　桑原紗織

# まえがき

　ある日の午後、私がオフィスで北アイルランドの組織のためのプロジェクトの仕事をしていると電話が鳴りました。電話を取ると、かけてきたのはアメリカの大企業のコンサルタントを何年もしている人でした。私は彼が間違って私に電話してきたのかと思いましたが、話を聞くうちに、尊厳（ディグニティ）に着目した対立関係の解決という私のアプローチについてよく知っていることがわかりました。私は好奇心をそそられました。どうしてこの人は私に電話してきたのだろう？

　彼は自分の関わっている企業が従業員と経営陣の間で何年も問題を抱えていること、副社長から問題解決のための「独自の創造的なアプローチ」を探せと言われたことを説明しました。そのコンサルタントは、尊厳に関する私の仕事をインターネットで知り、私が彼と副社長に会って会社の抱える対立について一緒に話をしてみる気はないかと思ったのだそうです。企業社会とは関わってこなかった私は、最初驚きました。難しい国際的な対立における対話をいかに進めるかが20年を超える私のキャリアのテーマだったからです。しかしコンサルタントの話を聞くうちに、この会社の従業員と経営陣を隔てている問題は尊厳に関するものだと気づきました。国際的な対立の解決のために作り上げてきたアプローチは、企業のような環境にも応用できるのではないか？

その後すぐに私はそのコンサルタントと副社長に会い、５年計画のプロジェクトを立ち上げました。ビジネス界での対立にも国際問題が抱えるのと同じ要素が多いことがすぐにわかりました。共通しているのは、どのような扱いを受けるかに対する人間のリアクションです。職場で尊厳の侵害を経験した人は、国際的な対立の当事者たちと同じような本能的反応を示します。つまり、自分の尊厳を侵害した相手に対して復讐したいという気持ちになるのです。人は自分の嘆きを聞いてもらい、認めてもらうことを求めます。聞いてもらい認めてもらうことがないと、もとの対立はエスカレートし、溝は深まるばかりです。

さらに共通しているのはリーダーシップが果たす役割です。関係の崩壊には強力で複雑な力が働きますが、人々の苦情の底にある尊厳の問題にリーダーがどれほど目を向け、認識し、理解するかは、その問題の解決の可否に決定的な違いを生みます。

シンプルなように聞こえますが、これは大変な挑戦なのです。なぜなら、ほとんどの人は尊厳というものについて具体的な知識を持っていないからです。ほとんどの人は自分の生まれ持った価値に気づいておらず、たいていは他の人の固有の価値を認識するすべを知りません。このような無知は痛みや不安だけでなく様々な形で人間関係が失敗する原因となります。とはいえ、誰にでも尊厳というものについて何らかの本能的感覚はあるようです。それを言葉で説明することはできなくても、人間の深いところに埋め込まれているのが尊厳です。わかっているのは、私たちはみんな自分が価値のある者として扱われたいと思っていること、そしてそのように扱われないときには苦しい思いをするということです。尊厳についての理解（私が尊厳意識と呼ぶもの）は、その苦しみを取り除くために大きな力を発揮します。

私は最初の本『Dignity』（ノ・ジェス監修、ワークス淑悦訳、幻冬舎、２０２０）で、尊厳とは何か、その概念を日常生活と人間関係にどう応用していくかを明確にするためにディグニティ・モデル（尊厳モデル）を示しました。ディグニティ・モデルは、尊厳の10の要素（尊厳を尊重する10の方法）と尊厳を侵害する10の誘惑（自己の尊厳を侵害する人間の本能の進化的遺産）で構成されています。またディグニティ・モデルは尊厳を尊重したアプローチによる対立解決に注目します。

『Dignity』の出版以来、私は職場での人間関係問題を何とかしたいという様々な組織の相談に乗ってきました。彼らの質問や心配ごとを聞くうちに、ビジネスやその他のコミュニティにおいても尊厳に関する情報への大きなニーズがあることがわかってきました。本書『〈尊厳〉のリーダーシップ――人や組織の内なる力を引き出すディグニティ・モデル』は、このニーズに対する私の答えであり、保健医療、教育、宗教コミュニティ、行政など様々な組織や職場環境にあるリーダーのためのものです。

本書の目的は、尊厳の尊重が実際に行われている事例を示すことで、ディグニティ・ワークをさらに前進させることです。ですから前著の続編ともいえる本書は、尊厳理解を深め、その尊厳理解を実践し、他への見本となって組織やそこで働く仲間たちの生活の質の向上につなげるための知識を深めたいというリーダーのためのガイドブックなのです。

職場で尊厳を実践することの効果はその組織で起こることだけにとどまりません。その波及効果は、多かれ少なかれ日々の全ての出会いや出来事に現れてきます。尊厳の知識は私たちの生き方へと変化していきます。なぜなら尊厳の可能性に関われば関わるほど、私たちはそれによって力を与えられるからです。

# 謝辞

ディグニティ・モデルを様々な組織の人々に紹介できたのは大きな喜びでした。私は企業や保健医療機関、学校や宗教団体だけでなく国際的な対立で重層的な尊厳の侵害に苦しむ人たちとも働いてきました。リーダーシップをとるときに尊厳が果たす大きな役割についての私の考察を発展させるにあたって、皆さんからいただいた貢献はかけがえのないものです。尊厳を生き方として実践することに尽力してくださっている多くの尊厳エージェントの皆さんに感謝を捧げます。

『Dignity』の執筆を支えてくれたフリーランス作家のシャロン・ホーガンは本書にも多大なる貢献をしてくれました。彼女は自身の生活で数々の難題を抱えつつも、この本の様々な面について共に考えるために時間を割いてくれました。また最初にイェール大学出版に執筆の提案をする際に重要な役割を果たしてくれた私の元エージェントのコリーン・モーハイドにも感謝します。

執筆のプロセスを通じて絶えずサポートし応援してくれた編集者のジーン・トムソン・ブラックには感謝してもしきれません。私の二冊の本の出版にあたって二回とも彼女に担当してもらえたことはこの上ない幸運です。ありがとうジーン。原稿の校正で素晴らしい仕事をしてくれたジュリー・カールソンには大変感謝しています。またイェール大学出版のマイケル・デニーンとアン・マリー・インボルノニにも感謝します。

原稿に何度も目を通してくれたキャロリンとブライアン・バトラー、マリア・ハジパブロ、マニュエル・ギレン、トーマス・バビエラにも謝意を示したいと思います。ヒューマニスティック・マネージメント・ネットワークのマイケル・パーソンとその同僚たちにもお世話になりました。特にサンドラ・ワドックとエリカ・ステックラーは人間の尊厳が中心的役割を果たす新しいビジネス方法論の開発に尽力してくれました。尊厳をリーダーシップ会議に導入する機会を与えてくれたヒュー・オドーティとティム・オブライエンに大きな感謝を捧げます。ベントリー大学のW・マイケル・ホフマン・ビジネス倫理センターの友人たち、マイク・ホフマン、ボブ・マクナルティ、メアリ・チアソン、ゲイル・サンズにも感謝します。マウント・オーバーン病院のアン・ダヴェーナとリーダーシップチーム、アンドリュー・モデスト、ステファニー・ペイジ、レベッカ・ロギディス、パトリック・ゴードン、またケロッグ国際関係研究所のパオロ・カロザ、スティーブ・ライフェンベルグをはじめとする皆さんにも感謝を捧げます。ゲリー・クラーン校長をはじめとするラホヤ・カントリー・デイスクール、トリニティ・バレー・スクールとバークレー・キャロル・スクールの全ての素晴らしい尊厳教育者の皆さんに心から感謝します。キャロル・グラメンティン、マイク・ウィルパー、メーガン・サクセルビーは卓越した尊厳教育者です。ディグニティ・モデルに大きな貢献をしてくれたデイビー・フロイド、また熱心な尊厳教育者であるダイアン・サマーにも大きな感謝を捧げます。尊厳に関する先駆的な功労者であるエヴリン・リンドナーとリンダ・ハートリングには私の心からの謝意を表します。この二人は尊厳を重視して尊厳のために働くリーダーの輝かしい例です。オーバーランド・リソース・グループの友人たちにも感謝します。デイブ・ニコルが尊厳に関する私の考察に与えてくれた貢献は数え切れません。そして、私の仕事をずっと支えて下さっているデズモンド・ツツ司教にも心から感謝いたします。またグローバル・ディグニティのシンシア・ガイヤーにも感謝しています。

私の母ワンダ・ヒックスと、デビ・ヒックス、ブレンダ・ブロウディ、スーザン・ムジオ・ブレイク、モニカ・ミーハン・マクナマラ、キャリー・オニール、ハーブ・ケルマン、スーザン・ハックリー、ポーラ・ガトラブ、リズ・リー・フッド、ジェフ・セウル、ウィリアム・ワイスバーグ、レオネル・ナルバエズ、カミロ・アズカラート、バディとゲイル・マクドゥエル、シェリー・ストリーター、ジョン・ウィルソン、モリーン・マキャル、ロン・グレッグ、アマンダとリチャード・カーティン、ジェラリンとロブ・グレイ、そしてマウント・オーバーン・クラブのジムの仲間たち、皆さんが私のホーム・チームであり、日々の私を支えてくれました。

私のアラ・パキスの尊厳パートナーであるマリア・ニコレッタ・ガイダには特別の感謝を捧げます。シリアとリビアの同僚たちの傷ついた尊厳を取り戻す機会を作り出すための仕事をあなたと一緒にしたことは、尊厳の持つ素晴らしい力を私が信じる礎となりました。

近所の池、フレッシュ・ポンドがこの本の出版に果たした役割にも言及しないわけにはいきません。私が行き詰まった時にはいつも夫のリックと顔を見合わせて「リセット・ボタンを押してフレッシュ・ポンドの周りを散歩しよう」と言いました。頭をすっきりさせ、地に足をつけ、自然界とのつながりを感じるためには、そこへ足を運ぶのが一番です。

そしてすべては夫であるリック・カスティノのおかげです。私たち二人は、尊厳の生きた実験室です。常にアイデアを出し合い、より苦しみが少なく、もっと楽しい世界を作るための共同作業と愛情の可能性の限界を広げようと日々試行錯誤しています。

目次

まえがき 3
謝辞 7
序章 尊厳とは何か？ 15
第1部 尊厳を重視したリーダーシップのために 29
第1章 尊厳を尊重するための10の要素 30
第2章 尊厳を侵害しないための10の要素 48
第3章 尊厳の深みと広がり——尊厳意識が意味する3つのC 61

71 第4章 リーダーシップと人作り――人はどのようにつながっているのか？
86 第5章 未来のリーダーのための尊厳教育

103 第2部 尊厳を重視したリーダーシップの実践

104 第6章 生涯を通じた学習と発達を奨励し模範を示す
117 第7章 場の空気を作る――傷つきやすい自分を安心して出せるように
130 第8章 信頼を育む
138 第9章 共感を活性化させる
148 第10章 バルコニーへ向かう――より高い視点から自分を見る
158 第11章 責任を取る

171 第3部 尊厳文化をつくる
172 第12章 尊厳教育を推奨する
184 第13章 みんなのための尊厳教育プログラムを導入する
194 第14章 尊厳の強みと弱みを評価する
205 第15章 尊厳の傷と向きあう
216 第16章 尊厳を重視して現在と未来の対立を解決する
230 第17章 尊厳の誓約
239 第18章 尊厳の学びと実践を標準化する
244 第19章 人類、ただいま向上中――尊厳を重視したリーダーシップの報酬

本書をよりよく理解するために 251
訳者あとがき 259
注釈 viii
参考文献 i

# 序章　尊厳とは何か？

21世紀で最も注目すべき大発見はテクノロジーによるものではなく、人間という概念そのもののの発展によるものになるだろう。

——ジョン・ネイスビッツ

尊厳（ディグニティ）について話をするとき、私はまず未来学者ネイスビッツの言葉を紹介します。私が10年かけて人間の価値意識の研究で得た成果を、ネイスビッツは短い一文で見事にまとめているからです。尊厳は人間を理解する上で欠かせない役割を果たすだけでなく、人類が共通して持っている特質でもあります。人間は誰しも価値あるものとして扱われたいのです。価値ある存在として認められたいという私たちの共通の欲求は何を意味しているのでしょう。自らの生まれながらの価値について、私たちは他者の評価を意識し過ぎてはいないでしょうか？　そして、尊厳に対する意識を深めることと、リーダーシップの能力はどのように関係しているのでしょうか？

尊厳に対する普遍的な憧れは、私たちが人間であることの証拠であり、これが種としての人類を突き動かしています。尊厳は私たちの最大公約数であるにもかかわらず、私たちはあまりにもその内実を理解していません。それが何なのかをはっきりと説明することは難しく、むしろ直感や第六感として理解しています。「尊厳は大切だ」と主張する一方で、それを説明しようとすると言葉に詰まってしまうのです。

私の話を聞いてくれる方々に問いかけると、多くの人は尊厳（ディグニティ）と尊敬（リスペクト）を同じものとしてとらえています。しかし、尊厳と尊敬は同じではありません。尊厳は私たちが生まれ持っている属性であり、**私たちが生まれ持った価値のことです。**このことを説明するために、私は生まれたばかりの赤ん坊のスライドを見せて言います。「人間が生まれつき持っている価値を疑う方もいらっしゃるかもしれませんが、かけがえのない赤ちゃんの写真を見て、この子に価値がないと言えるでしょうか？」一枚の写真は千の言葉に値します。それ以上説明する必要はありません。**私たちは皆、価値あるものとして生まれてくるのです。**

尊敬はこれとは違います。すべての人は尊厳を有していますが、すべての人が尊敬に値するわけではありません。尊敬は勝ち取るものです。ある人を尊敬すると言う場合、大抵それはその人が並外れたことを成し遂げたからであり、期待を上回る仕事を成したからです。その人の行動が感動を与え、「あの人のようになりたい」と思わせるのです。一方、尊厳は、人の行動の内実にかかわらずすべての人に価するもので、人間関係のスタート地点です。簡潔に言えば、お互いの尊厳を尊重することは必要不可欠なのです。

私の最初の本、『Dignity』は、尊厳という概念を探求し、その重要性について考え、日常生活において具体的に尊厳をとらえる枠組みを読者に提示するものでした。その中で私は「ディグニティ・モデル（尊厳モデル）」を紹介しました。これは人間が皆持っている、誠実に扱われたいという欲求に焦点を当てて、対立関係を修復するアプローチです。例えば、「尊厳の10の要素」という章では、人を平等に扱うことや、人種、宗教、文化的背景、性的指向にかかわらず相手のアイデンティティを受け入れるなど、人の尊厳を尊重する10の方法を紹介しました。「尊厳を侵害する10の誘惑」の章では、私たち人間の生物学的習性が自らの尊厳のみならず相手の尊厳をも貶めてしまう仕組みを紹介しました。例えば、仕返しや復讐をしたいという欲求は、脅威に対する人間の習性であり、心理学ではこのような欲求や習性を自己保存本能と呼びます。[1] このようなことを紹介した上で、壊れた人間関係をどのように修復すべきかの方法を提案しました。

その本を書く動機となったのは、今まで分析されてこなかった人間のあり方の基本的側面について、世界の人々と分かち合いたいという強い思いが私の中で生まれたからです。ネイスビッツが語っているもの（**人間であるとはどういうことかという概念を発展させる真実**）の具体例を発見したように思ったのです。その真実とは人間がみんな持っている弱さ、無意味な存在として扱われるときに誰もが経験する傷つきやすさのことです。尊厳を侵害することによって生じる負のエネルギーは人間関係を破壊し、健全な関係に不可欠な信頼関係を壊してしまいます。一方で、お互いの尊厳を尊重し合えば、双方に安心感が生まれ、他者の前で素直に自分の弱さをさらけ出せる安全な空気が生み出されます。良好な人間関係は、互いに相手が自分を見て、聞いて、価値ある者として認めてくれると感じたときに生じるのです。

尊厳について知識を得ることで、人は自らの固有の価値を主張することからくる内なる力を認識することができるようになります。それによって、私たちはたとえ不運なことがあっても安定を保ち、他者からの扱われ方によって自分の価値が左右されるという誤った認識から自らを解放し、尊厳が傷つけられても立ち直る力を与えられるのです。[2] 自らの尊厳が自分自身の手の中にあると知り、どんな状況にあっても自身の尊厳の主体は自分自身であることを知ることで、自分の価値を見失わずに回復できるのです。

私はこのことをデズモンド・ツツ司教と北アイルランドで仕事をしたときに学びました。[3] ちょうどそのころ、私は尊厳の概念について模索を重ねていました。尊厳の定義を定め、日常生活の中で可視化するための原則を作ろうとしていました。ツツ司教に自分の考えを説明する中で、世界の紛争地域で出会った方々にいかに自分の考えが影響されてきたかを伝えました。彼らは決まって「敵対者」によって自らの尊厳が奪われたと証言していたのです。彼らの戦いは失われた尊厳を取り戻すことに他ならなかったのです。

このことを伝え終えたときのツツ氏のまなざしは今でも忘れることができません。首をかしげ、顔をしかめながら言ったのです。「あなたは何を言っているのですか。誰も私たちの尊厳を奪い取ることはできません。私たちがどうやってアパルトヘイトを生き抜いたと思うのですか？　私たちの尊厳が他の誰でもない自らの手の中にあると知っていたからこそ、最も暗い現実を耐え抜くことができたのです」。そう言ってツツ氏はネルソン・マンデラの『自由への長い道』を読んでその考え方を参考にするように勧めてくれたのです。

私は家に戻るとすぐに本屋へ行ってマンデラの本を買いました。ツツ司教が言っていたのはマンデラが南アフリカのロベン島刑務所に入った日のことでした。マンデラは自分を含めた政治犯たちが生きのびるためにはまず、看守たちが何を考えているかを探る必要があると感じました。すぐにその答えは見えてきました。彼らは受刑者たちの**尊厳を奪おうとしていた**のです。マンデラは次のように書いています。「牢獄の管理者たちは人間の尊厳を奪おうと企んでいた。これを知ることによって、私は生き残ることができると確信した。なぜなら、私の尊厳を奪おうとする者は負けるからだ。私はいかなるプレッシャーや代償があったとしても自分の尊厳を手放すことはないからだ」。

この洞察は私が「ディグニティ・モデル」を作り上げる一つの基本的な柱となりました。私はこれを「マンデラ意識」と呼んでいます。尊厳に対する最も大きな誤解の一つは、自らの価値を自分以外の外部要因に由来するものだと考えていることです。私たちは自分のしたことが他の人から賞賛を受け、評価されると嬉しくなります。そのような評価を受けることは別に悪いことではありません。しかし、心から求めている評価や賞賛が得られないと、たんに惨めになってしまうこともよくあります。自分の尊厳は外部や他者から受ける扱いにのみ起因するという間違った考えを持っていると、私たちは自らの内にある途方もない力を放棄することになります。この力によって私たちはレジリエンス（立ち直る力）を与えられ、ひどい扱いを受けても自分には価値があるという真実に、固く根を張って立ち続けることができるのです。

私はこの真実を見失いそうになる度に、私へのツツ司教のしかめっ面を思い出します。結局、私の考えは間違っていたばかりか、危険なものでした。生まれながらにして与えられている最も大きな贈り物（尊厳というかけがえのない贈り物）に気がつかないと、私たちは困難な状況に陥ってしまいます。そして、自らの尊厳を見失ってしまうと様々な病的症状が現れてきます。

自らの尊厳に対して自覚し、それがいつも自分と共にあると知ることで、他者の前で自らの弱さを表現し、リスクを背負い、真実を語る道が開かれます。真実は人間のもつ傷つきやすい弱さにこそ宿るのです。人前で本当の自分を正直に表すことで、私たちは他者や自分の尊厳を侵害せずにすみ、豊かな人間関係を築くことができるようになるのです。自分を見失い、自分の価値を疑ってしまうと、私たちは体面を保つ行動に陥り、相手との関係をこじらせてしまいます。この自滅的な習性については後で再び触れることにします。

尊厳の本来的な力に対する理解の欠如はリーダーシップにも影を落とします。エリザベス・サメットは独自の視点でリーダーシップの失敗について指摘しています。その著書、『偉人たちの言葉に見るリーダーシップ *Leadership: Essential Writings by Our Greatest Thinkers*』の中でサメットは、現代社会のリーダーシップの危機に言及し、この危機は人々が自分以外の誰かが次のリーダーになるのを待っているために起きると言っています。[4]「私たちは誰かに助けられるのを待っている」とサメットは言います。彼女は、私たち自らリーダーシップを取ることに対しもっと自信を持つべきだと考え、また、自分以外の誰かにリーダーシップを求めることの危険性についても警告しています。サメットは、ジョン・アダムズの言葉を引用して自らの主張をまとめています。「人々が自らを力の源であると思うようになり、その力を知恵と誠意をもって管理する方法を学ばない限り、政治や社会がよくなることはない」。

尊厳はその学びの大事な部分です。個人の生活をリードするにせよ、組織をリードするにせよ、成功のカギは尊厳意識にあります。自らの本来的価値と、尊厳の侵害に対して人間誰しもが感じる弱さ、この二つに深くつながっているのが尊厳意識なのです。

私たちが自分自身のことを「力の源」ととらえるならば、私たちはまずそれが自らの内に存在することを知らなければなりません。尊厳はかけがえのない力の源です。その力によって、私たちはお互いに有益に働く関係を生み出し、人間関係をプラスに変化させることができます。

自分に与えられた力を正直に、そして賢く管理するために、そしてそれを乱用しないためには、まず自分及び他者の価値と弱さを理解しなければなりません。尊厳についての知識を自ら身に付けることがその第一歩です。自らの内に存在するものを理解し受け入れることで、私たちは不必要な苦しみから解放され、人生はより豊かなものになります。

数年前に私はイスタンブールのコチ大学で尊厳について講演をしました。会議の主催者であるウムラン・イナン学長（当時）が、参加者に歓迎の意を表した後で述べた言葉を私は忘れることができません。教育は「人間の魂を解放するものであるべきだ」と彼は言いました。そのとき、私は尊厳も同じように解放されるべきだと思いました。あるいは人間の魂と尊厳は同じものなのかもしれません。いずれにしても、教育が学生たちの熱意に火をつけ、自らの内にある「力の源」を受け止めて、それを正直に賢く活用するように促すことは確かです。

最初の本『Dignity』を出版したときは気づいていなかったのですが、人間のこのような特性は他の様々な課題につながっています。最初に私が想像していた以上に人間の経験の仕組みに関係していたのです。繰り返しになりますが、私はこの情報を分かち合いたいと強く思います。それは、人間とは何かについて理解をさらに深めるためだけではなく、職場や組織や世界で私たちが直面するリーダーシップの課題への理解に貢献するためでもあります。

尊厳についての知識を身につけるのは、単に自分が知っている情報のレパートリーを増やすのと同じではありません。尊厳を学ぶとは、私たちの複雑で矛盾した内面世界を理解し、日常的に直面している感情的な課題を知ることに他なりません。そこには、私たちがより良い人間、夫、妻、親やリーダーになるための教訓があります。この教訓によって私たちはより良い自分になることができるのです。

尊厳を意識することで起こる変化は、私たちの視野を広げてくれます。自分の普段のものの見方から一歩距離をおくことで、自分がなぜこのような行動をとるのか、なぜこのように感じるのか、なぜこう考えるのかなどが、よりよく理解できるようになります。そして、学びという領域を超えて、私たちを本当の賢さへと近づけてくれます。またその意識を持つことで、自らの盲点や自らを制限しているものに気づくことができます。つまり、自分に与えられた才能を発揮し、他者との深いつながりを尊重し、意味と目的のある人生を十二分に生きることを妨げていたものに気づくのです。

尊敬と同じように、信頼も勝ち取るものです。尊厳意識がなければ、ゆくゆくは恨みや不信が支配することになるでしょう。信頼は安全を必要とします。相手に安心を感じてもらいたいのであれば、相手の尊厳を尊重することが一番です。

## 職場における尊厳

様々な場面や組織で「ディグニティ・モデル」を適用してきた経験から見えてきたことがあります。それは、尊厳に対する無知が仕事環境に与える大きな影響です。私の調査では、最も顕著に見られる尊厳の侵害は、仕事で監督や上司にひどい扱われ方をしたときに被害者が安心して声を上げられないというものです。もし声を上げれば、叱責されたり、悪い人事考課を受けたり、さらには解雇されたりするのではないかと恐れているのです。

階層的な組織の必要条件の一つは、一部の人の手に権限が集中する中央集権的体制です。階層組織が特に問題だというわけではありませんが、トップとしてリーダーシップを担う人に尊厳についての理解がなければ、権力は容易に乱用され誤用されます。ロバート・フラーは『誰かと誰か――地位の濫用を克服する *Somebodies and Nobodies: Overcoming the Abuse of Rank*』という本の中で、人間の価値をランク付けすることに警鐘をならしています。[5] リーダーが最も警戒すべき誘惑は、自らの優越性を信じてしまうことです。ここで尊厳の概念が、私たちに必要なバランス感覚をもたらしてくれます。なぜなら、**人によってステータスの違いはあったとしても、尊厳においては皆平等だからです。**

エイミー・C・エドモンドソンは『チームが機能するとはどういうことか――「学習力」と「実行力」を高める実践アプローチ』（野津智子訳、英治出版、2014）の中で、多くの組織はその運営のために伝統的で階層的な方法に頼っていると言っています。[6] トップダウン型の「命令してコントロールする」方法は何十年もの間機能してきましたが、これは人々の協力する姿勢や成長を阻害します。また、安心感も得られにくくなります。何か問題が起こった時に、従業員は声を上げることを恐れてしまうのです。尊厳を理解することは、このような複雑な人間の関係性を修復するのに有用です。

私が出会ってきた組織のリーダーたちの多くは、本当の意味で尊厳を理解しておらず、私たちの生活や人間関係において尊厳が果たしている役割をわかっていません。そのリーダーたちは基本的に良い人たちなのですが、私が関わる前までは尊厳に対する理解がなく、知らず知らずのうちに従業員を傷つけていました。私がこの本を書くにいたったのは、そういう彼らの意識の欠如によって、周囲の人々が悪影響を受けている実態を目の当たりにしたからです。善良なリーダーたちが、その下で働く人の尊厳を侵害していました。それはリーダーが自らの統率力を失うことを恐れていたからではなく、自分たちが無知であることに気がついていなかったからです。善良な人たちが善良な意図をもっていても、尊厳を意識していないだけで他者を傷つけてしまうのです。

尊厳を重視したリーダーシップをとるとは、自分の行動がどのように他者に影響しているかに注意を向けることです。このような知識がなければ、職場で蔓延する人間関係の問題は続くでしょう。尊厳を侵害することで解き放たれる強力な負のエネルギー（怒り、恨み、復讐を求める心）や、尊厳を尊重することで解き放たれるエネルギー（愛、忠誠心、ボランティア精神による奉仕）を理解すれば、リーダーは正しい行動をとりやすくなります。このような意識がリーダーの多様な能力に加われば、組織で働く人々は活力を得、組織も同じように繁栄します。

では、どこに行けば尊厳を学べるのでしょうか？　人間の生活にとってこれほど基本的な事柄（価値ある存在として扱われたいという共通の欲求）が見落とされ、社会的成長に必要なものとして教育システムに加えられてこなかったのは信じがたいことです。

この本では第5章で尊厳教育に真剣に取り組んでいる三つの私立学校の例を紹介します。しかし、すでに教育システムから卒業した大人はどうでしょう？　大人が尊厳についての知識を得るにはどうすればよいのでしょうか？　私はこの本が、今までの教育から抜け落ちていた側面を補い、尊厳とは何なのか、日常生活においてどのように可視化できるのか、そして、私たちがどのようにして尊厳の持つパワーを活用して、最もエンパワーされた思いやりのある人間になれるのかを提示できればと思っています。この本は特に職場で「尊厳の文化」を作り出すリーダーに向けて書かれたものですが、**尊厳文化の創出はすべての人の責任です**。私たちみんなが健康で幸福な労働環境の維持に対して責任を持っているのです。

この本は人間に対する考え方を広げてくれるでしょう。ここで取り上げている内容は、尊厳がいかに様々な形で私たちの個人的成長と発展を促進させ、活力ある人間関係の維持に寄与しているかということです。また、職場や組織において幸福を生み出すような文化や社風を創出するために尊厳の果たす役割や、その他の期待される結果を紹介します。人は自分が良い扱いを受け、価値を認められ、自分よりも大きな何かとつながっている実感を持つときに輝くのです。

リーダーシップを担う人には、このことを理解するだけでなく、具現化することが求められます。つまり、その人自身が尊厳を持って生きるということです。この本で私が**リーダーシップ**に焦点を当てたのは、世界は今直面している課題に対して画期的な考え方を求めているからです。すでに良いリーダーはいますし、リーダーシップについて書かれた本も沢山あります。しかし、私がこの本を書いた理由は今までのリーダーシップにおいて見失われてきた側面、つまり尊厳だけが補うことのできる側面を発見したと思ったからであり、尊厳こそが倫理的リーダーシップの基本を成すと思ったからです。[7]

人が職場においてリーダーに求めている様々な「扱われ方」を研究してきた中で、私は次のような問いに対する答えを提供しています。**自分が相手を大切にしていることを示すには何をすべきなのか？　自分の行動が相手の尊厳を尊重しているか否かはどうやってわかるのか？　過去に自分が経験した尊厳の侵害は、自分のリーダーシップにどのような影響を及ぼすのか？　人の生活にポジティブな影響を及ぼし、その人が持っている一番いいところを引き出すためには何が求められるのか？**　この本で私はリーダーシップにとって「なぜ」尊厳を持って人を扱うことが大事であるのかを説明するだけではなく、「どのようにして」組織内の尊厳文化を構築していけばよいのかを説明します。

本書、『〈尊厳〉のリーダーシップ――人や組織の内なる力を引き出すディグニティ・モデル』は内的資源を発掘するための使用説明書のようなものであり、視野を広げるための本です。私たちは何者なのか、どんな可能性を秘めているのか、仕事や生活にどうしたら意味を見出せるのか。これは親、教育者、組織のリーダー、宗教的リーダーのための本であり、人に対して影響力をもつすべての人のための本です。人間は皆、信頼できる人にリードされたいと切望しているのです。

# 第1部

# 尊厳を重視したリーダーシップのために

知識は力なり

――フランシス・ベーコン

# 第1章　尊厳を尊重するための10の要素

「その時が来た」という感覚ほどパワフルなものはない。
──ヴィクトル・ユーゴー

リーダーシップを発揮しようと思っているすべての人は、尊厳（ディグニティ）を尊重する方法を知識として持っておくべきでしょう。序章でも述べたように、私たちはみんな尊厳を持って生まれてきますが、それを活用し実際に行動に移すための知識を生まれつき持っている訳ではありません。尊厳を尊重する行為は自然に身につくものではなく、学ばなければならないものなのです。

尊厳ある存在として人を扱うとはどういうことでしょうか。この問いは、私の最初の本、『Dignity』を書くときの最も重要な問いでした。当時、尊厳をテーマに書かれた本の多くは哲学の本でしたが、数少ない例外が、尊厳と恥について世界的に有名な研究をしていたエヴリン・リンドナーとリンダ・ハートリングによる素晴らしい研究でした。[1]彼女たちは、このテーマに興味を持つ人たちのネットワークを構築し、世界各地で国際会議を開きながら、尊厳やそれに関連するテーマについて議論する場を提供していました。特にリンドナーは尊厳というテーマに着目していました。[2] 私は彼女たちのアイデアを足掛かりに、尊厳をよりわかりやすい形にするための答えを探しました。日常的なものとして可視化することでわかりやすい形にしたかったのです。自分の実践的な問いに対して簡単には答えが出ないことがわかると、私は世界各地を回って何百という人たちにインタビューをし、尊厳が尊重されたと感じたときのこと、または尊厳が侵害されたと感じたときのことを話してもらいました。そうして人々の話を聞いているうちにいくつかのパターンが見えてきました。住んでいる場所にかかわらずテーマは似通っていました。さらに浮かび上がってきたのは、尊厳が尊重されたと感じたときの話よりも尊厳が侵害されたと感じたときの話の方が多いこと、そこに共通するのは人に軽んじられ不当に扱われたときの経験だということでした。それぞれの経験の背景は異なっていても、尊厳が侵害されたという実感は同じだったのです。

　このようなパターンとの出会いをきっかけに、私は「尊厳の10の要素」というリストを作成し、人の尊厳を尊重するための具体的な提言をまとめました。この10項目以外にも要素はあるかもしれませんが、私が出会った人々の物語に最も頻繁に登場したのが次の10の要素でした。

**アイデンティティの受容**：人と接するときに相手を自分よりも上、または下に見ない。その人が他者から受けるマイナスな評価を恐れずに自分を素直に表現する自由を与える。偏見や先入観を持たずに接し、相手のアイデンティティの大切な一部として人種、宗教、ジェンダー、階級、性的指向、年齢、障害を認めて受け入れる。

**評価する**：人の能力、努力、配慮、支援などを評価する。褒め惜しみせず、人の貢献やアイデアに対して感謝と評価を惜しまない。

**認識する**：本気で相手に関心を向け、耳を傾け、理解しようと努め、正当と認め、またその人の経験してきたことや関心事に注目する。

**インクルージョン（社会的包摂）**：あらゆるレベルの関係性（家族、コミュニティ、組織、国）において、人がその交わりの一員であると実感できるようにする。

**安全**：二つのレベルで人に安心を与える。身体的レベルにおいて体の安全を感じることができるように、そして、精神的レベルにおいて辱めを受ける心配から解放されるようにする。報復を恐れずに自己表現ができる場を作る。

**公平性**：人を公平に扱い、公に認められたルールや法律に従って平等に扱う。

**自主性**：相手が自らのために行動し決断することで、未来に可能性と希望を感じるよう励ます。

**理解する**：相手の考えが大事であると信じて受け止める。相手に自らの考え方を述べることや自分の視点を説明する機会を与える。理解するために積極的に耳を傾ける。

**良い方に解釈する（疑わしきは罰せず）**：信頼性のあるものとして相手に接する。相手の善良な動機と誠実さを前提に接する。

**言動に責任を持つ**：自らの行動に対して責任を取る。相手の尊厳を侵害した場合は謝る。害を与える行動を改める姿勢を示す。

コンサルタントとして企業や団体に招かれたとき、私はまず尊厳の10の要素を紹介してから、対象者への個別インタビューを行い、職場で尊厳が侵害されたときのことについて尋ねます。多くの人は自らの話をするよりも前に、尊厳を重視するアプローチは自分が経験してきた機能不全に陥った職場環境を実によく言い当てている、と言います。誰かとの関係において傷つくようなことがあると、彼らは圧倒されるようなネガティブな感覚におそわれ、実際何が起こったのかを理解するのが難しいと言います。そして、自分がなぜこれほど気分を害する（尊厳が傷ついた）のかを理解する方法と、それを表現する言葉に出会えて嬉しいと伝えてくれます。

人々の経験には似たパターンが見られました。例えば、ある大企業のマネージャー（中間管理職）の人にインタビューしたときのことです。同じ部署のある上司の配下にある同僚のマネージャーたちの間での極度な競争のせいで、彼は出勤するのが憂鬱になっていました。みんなが上司に認められ評価されることを求めるあまり、自分をよく見せるために相手の足を引っ張ることもよくありました。相手の行動を善意に解釈することは一切ありませんでした。問題が起きると、問題の原因を理解することには無関心で、むしろすぐに相手の能力の問題だと決めつけました。また、何気ない形で同僚の「無能ぶり」が上司の耳に入るようにしていました。わざと重要な会議に他の同僚が出席しないようにしたり、そうやって排除したことについて謝罪もしませんでした。そのような状況の中で、マネージャーたちは本来の自分の姿でいられなくなっていました。女性のマネージャーは自分たちが特に標的になっていると感じていました。重要な仕事や委員会では相手にされず、上司の「お気に入り」の男性マネージャーの方に仕事が回されていたと感じていました。彼女たちによると、その仕事環境は不健康であり、安心して仕事ができないものでした。自分たちがいつ裏切られるかわからない状況だったというのです。

この実例を見ると、職場で起こる出来事によってなぜ自分が侵害されたと感じるかがよくわかります。この機能不全に陥った職場環境の例では、尊厳の要素がすべて関係していますので、一つ一つ見ていきましょう。

**アイデンティティ：**女性たちは自分たちが女性であるせいで、男性と違う扱いを受けたと感じていました。マネージャーたちは、上司に気に入られるためにお互いの足を引っ張ることで、お互いのアイデンティティを侵害していました。職場で本来の自分を素直に表現できるとは、誰も感じていませんでした。

**評価する：**マネージャーたちはお互いの仕事を評価せず、相手の功績を認めようとしませんでした。

**認識する：**上司は部下のことをあまり認めていないように見えました。すべての人が上司にほめてもらうために競い合っていました。

**インクルージョン**：わざと人を疎外する行為が見られました。例えば、お互いを大事な会議から排除することです。

**安全**：多くの人が安心できない仕事環境だったと言っています。「いつ裏切られるかわからない状態でした」。

**公平性**：公平に扱われていない実感が特に女性たちの間で強く、上司の「お気に入り」に加えられていない不公平感を味わっていました。

**自主性**：マネージャーたちは、精神的に劣悪な環境の中で自律性が失われていると感じていました。本来の自分を素直に表現できるとは思えず、職場環境の力学にそって他者を出し抜くことが求められた結果、男性マネージャーの一人は機能不全に陥った状況を改善する手立がないとさえ思っていたのでした。

**理解する**：マネージャーの間で激しく競い合っていたため、何か問題が起こったときに、みんなで問題の原因を考える努力をせず、直ちに相手が悪いと決めつけ相手を裁いていました。

**良い方に解釈する**：誰も相手に対して信頼を寄せて善意に解釈しようとしませんでした。逆に彼らは相手がミスをするのを待ち、それに乗じて上司の目に良く映ろうとしていました。彼らがまずするのは、決めつけて裁くことでした。

**言動に責任を持つ**：相手を傷つける言動に対して謝ったり、責任を取ったりする人はいませんでした。誰も職場で責任を取ることもなく、人は対立を避け、まるで何も悪いことが起こってもいないかのようなふりをして、みんなが「いつもの仕事」を黙々とこなしていました。

ある女性が別のインタビューで、ミーティングのときにいつも不安を抱えていたことを話してくれました。いつ誰がみんなの前で叱られるのかわからなかったのです。彼女の上司（仮称：トム）はミーティングでいつも、グループ内で彼が「弱い存在」と呼ぶ人たちを名指ししていました。ベストの成績をあげていないとトムに思われている人たちのことです。この女性は仕事内容については満足しており給料も良いので、トムに対して意見を述べることには抵抗があるということでした。なぜなら仕事を失いたくないからです。同僚たちの中にも同じようにトムにターゲットにされてみんなの前で叱責を受けるのを恐れていた人たちがいました。

この場合、尊厳の要素に関係するのは安全（みんながトムの叱責を恐れていた）、アイデンティティ（成績が悪いことで名指しで注意されていた）、認識する（人を傷つけていることを認識していなかった）、公平性（みんなは公に名指しにされることは不公平であると感じていた）、自立した個として尊重（トムの侮辱的態度に対して自分にできることはないと思わされていた）、善意に解釈する（トムは個別に人と会って部下の成績に対する自分の評価が正当なものであるのかを判断せず、むしろ部下に説明の機会も与えずに勝手に判断していた）、言動に対して責任を取る（トムは自分の侮辱的な態度に対して謝らなかった）などです。

みんなが不満や不安を抱えるこのような状況になってしまった原因は何でしょうか。これらの例は、人が粗末に扱われている状況を表しています。ある人は安心して声を上げることができなかった、ある人は不公平に扱われた。また多くの人は自分が変えることのできないアイデンティティのことで差別されていると感じていました。例えば、女性たちは男性社員の方が魅力的な仕事を与えられ、自分たちは相手にもされていないと感じていました。ある社員は「不当に扱われる状況に耐えるのが私の仕事の一部です」と言いました。

このような話は、様々な団体から人事の問題に関する依頼をうけるたびに聞きます。特に珍しい話ではありません。どんな人でも自分が意味のない存在として扱われることを嫌います。彼らの直面する問題を「尊厳の侵害」という枠組みで説明すると、自分がひどい扱いを受けたときに感じた苦い経験が特別なものではなく共通の問題であると知り、彼らは安心するのです。**私たちは尊厳ある者として扱われることを切望しています。**

もし人間がみんな尊厳ある存在として扱われたいのだとしたら、人間とはいったいどういう存在なのでしょうか？　マシュー・リーバーマンという神経科学者はその著書『21世紀の脳科学――人生を豊かにする3つの「脳力」』（江口泰子訳、講談社、2015）の中で、人間は他者とつながりたいという深い欲求によって動かされていると言っています。私たちは社会性を求めるようにできているのです。人間はこの欲求をはるか昔の祖先たちから引き継いでいますが、先祖たちにとって生き残りは周りとの健全で協力的な社会的関係にかかっていました。集団の大きさは安全を意味します。

進化心理学者ロビン・ダンバーによると、古代の祖先たちにとって集団で結束することは外敵の攻撃から身を守る最善の方法でした。外敵が現れたときに独りでいるより、集団でいる方が安全でした。彼らは周りとつながっていると心地よい安全を感じ、独りでいると恐れや不安を感じました。集団の結束が強ければ強いほど、様々な危険を共に遠ざける確率が上がったのです。

人類は他者との関係に対する強い必要性と、相手に好意的に思われ愛されたいという強い欲求を持って進化してきました。人間の脳のデフォルト状態は他者のことを思いやるようにできています。[3] 歴史学者ユヴァル・ノア・ハラリによると、進化の過程では強い社交的関係を結ぶことができる人が優位でした。[4] 周りと良好な関係を保つことが生存競争に有利に働いてきたとするならば、関係への脅威（人からひどい扱いを受けるなど）が生存そのものの危機と感じられることも不思議ではありません。リンダ・ハートリングとエヴリン・リンドナーが「恥を癒す——リアクションから創造的アクションへ　Healing Humiliation: From Reaction to Creative Action」という論文の中で説明するように、関係を絶たれることは痛みを伴い、生命に脅威を与える経験なのです。この論文で彼女たちはジーン・ベーカー・ミラーの「呪われた孤立」という概念とそれに関連する痛みを説明しています。これは、人が完全に他者とつながる可能性から締め出されたと感じる状況のことを言います。[5]

リーバーマンによると、私たちの脳は他者との関係を求めるように進化してきたために、その関係が壊れた場合には大変な苦痛が生じます。人との関係が遮断されたり、人に拒絶されたりするときに感じる痛み（この痛みをソーシャル・ペイン（社会的痛み）と言います）は現実的なフィジカル・ペイン（身体的痛み）なのです。[6] リーバーマンは、ソーシャル・ペインとフィジカル・ペインは脳の同じ神経経路を伝わっていると言います。この研究は私が出会ってきた人たちが話してくれた物語（同僚との悪い経験の後に体験したネガティブな気持ち）と重なるところがあります。彼らの痛みは頭で想像したものではなく、現実のものだったのです。

関係が壊れた時に私たちがお互いに受ける傷は、痛みをともなうばかりではなく、屈辱的でもあります。英語には"Sticks and stones will break my bones but words will never hurt me."（石や棒は私の骨を折るかもしれないが、言葉は私を傷つけることはない）というフレーズがありますが、これは間違いです。言葉は相手の尊厳（自尊心）を精神的に破壊する武器となります。身体的に相手を抹殺したいときに心臓を狙うようなものです。尊厳をターゲットとした言葉は壊滅的なダメージを与えます。しかし、身体的な損傷とは違って骨も折れないし、血も流れません。目に見える損傷はどこにもないのです。尊厳の侵害をもたらす経験から派生する痛みは目に見えないので、人は静かに苦しみを抱え続けるしかありません。

言葉の武器は、使った本人が相手を傷つけていることに気がついていない場合、双方の間に断絶を生じさせてしまいます。上司（トム）にミーティングの場で叱責を受けていた女性の例をもう一度考えてみたいと思います。その後、トムをインタビューしたところ、トムは自分の行動が部下に恥をかかせていたことを全く自覚していませんでした。むしろ、部下のやる気を向上させるための行動だったと説明していました。想像しにくいことかもしれませんが、人との関係の中で生じる断絶の多くは無意識的な行動のせいなのです。トムはスタッフの尊厳を侵害していたとは思ってもいませんでした。尊厳に対するリーダーの意識が乏しいと、実に多くのことを見落とすことになります。マックス・H・ベイザーマンは『ハーバード流「気づく」技術』（門脇弘典訳、KADOKAWA／角川マガジンズ、2015）の中で、リーダーは目の前にある情報を見逃していることが多いと指摘します。[7] トムは部下のやる気を向上させるために、人前で叱責するよりも有効な手段があることをすぐに学び取りました。
このような理由で、人間存在の根本である尊厳についての知識はとても重要です。尊厳が尊重されるか侵害されるかが人間の感情に与える影響の大きさは、もっと強調されるべきです。人との関係の中で自分の価値が認められていると感じるとき、人は幸福を感じ、そのことが成長と繁栄を促します。逆に、日常的に尊厳が傷つけられると、人間関係を痛みと苦しみの源だと感じるようになります。良くも悪くも、私たちは生涯ずっと社交的関係によって影響され続けるとリーバーマンは言います。
神経科学者、ブルース・D・ペリーとマイア・サラヴィッツはさらに一歩進んで、人は「愛するために生まれた」と主張します。多くの文献が実証しているように、私たちはより多く愛するほど、健康で幸せになります。[8]
私たちの脳が人とのつながりを求めるようにできていても、そのつながりを持続させるための知識は生まれながらに備わっているわけではありません。与えられた人間関係の中で、尊厳を尊重する行為は私たちを一つに結びつける役割を果たします。それによって相手は安心し、自分が評価されたと感じ、愛されていると実感します。このことを考えれば、私たちがみんなで人を愛することのコツを学んだ方が得策だとは思いませんか？　尊厳の10の要素はその方法を教えてくれるものです。尊厳を尊重することとは、愛を実践することです。尊厳を共通言語にすれば、人間のつながりは強くなります。

なぜこのような知識がリーダーシップを担う人にとって重要なのでしょうか？　人を率いるのであれば、人を理解する必要があります。人間を理解する根幹となるのが尊厳を理解することです。尊厳が個人の幸福だけでなく人間関係の幸福をも生み出します。もし人間の脳のデフォルト状態が人間同士のつながりを通して安全を求めるようにできているならば、この知識を活用してその人間の習性から生まれるパワー（潜在的な力）を利用しない手はありません。人は強固な関係によって安心感を得るものであり、その関係の強さは自らが評価されている実感に基づくものなのだとすれば、私たちは尊厳の尊重が優先される文化の創出に全力を注ぐべきではないでしょうか？　人を大事に扱うことから生まれる力を理解するリーダーは、自分の下で働く人たちの繁栄を見、また自分自身も活力を得るでしょう。なぜなら、相手の成長を尊重するとき、私たちは自らの尊厳をも高めるからです。

ビジネス分野の学者たちも職場における尊厳の重要性に気がつき始めています。マイケル・パーソンの素晴らしい本、『人道的マネージメント――尊厳を守り幸福を促進する Humanistic Management: Protecting Dignity and Promoting Well-Being』では人道的経営ネットワーク（ビジネスやマネジメントの新しいパラダイムの開発にあたっている世界中の学者たちの集まり）で行われている研究が紹介されています。[9]　この学者たちは自己利益、冷酷な競争、利益の最大化などを強調する支配的な伝統的枠組みに異を唱え、尊厳を中心に据えた新しいモデルを提案し、さらに自然環境の尊厳にも視野を広げ、その搾取にも関心をよせています。

人道的経営ネットワークは次の原則に沿って研究を進めています。⑴人間の尊厳に対する無条件な尊重こそが人間の交流の基本である、⑵ビジネスの決断には倫理的な振り返りが統合されるべきである、⑶企業活動の規範的正当性を求めるには善良な意思と良い結果をもたらす可能性のある活動の両立がされるべきである。生命や生活に貢献し社会全般に価値を与える経済活動を通して、この三つに対して総合的にコミットすることで、人間社会は繁栄します。そしてこの三つの基本原則に従ったビジネスの在り方こそが新しいパラダイムの中心となっています[10]。

古いビジネス・パラダイムでは人間を動かすものはお金と権力である、つまり人間は欲深くて自己利益を求めるものだという前提に基づいているとパーソンは指摘します。古いパラダイムで目標とされるのは富の増大と株主の利益です。パーソンはそのような人間理解に異を唱えます。そしてその代わりに、私たちは人とつながるように動機づけられており、他者を大切に思い、そして深いところで世界全体の幸福に貢献したいという欲求を持っていると主張します。

人道的経営ネットワークの最重要課題はビジネス界において尊厳の重要性を強調することであり、富ではなくて幸福を生み出す企業環境を創り出すことです。パーソンはこの新しいナラティヴ（解釈の枠組み）を取り入れた企業の実例を取り上げ、企業が従業員とともに成長している様子を紹介しています。

『ハーバード・ビジネス・レビュー』誌は職場における尊厳の問題と、職場における尊厳の意味や、尊厳が従業員の幸福に与える影響についての知識を身につける必要について複数の論説を載せています。研究者サニー・ガイルズは15の国の30以上の世界的組織で働く２００人のリーダーたちを対象に実験を行いました。[11] リーダーの最も重要な素質だと人々が思うものは何かを知りたかったのです。最も重要だとして上げられたのは倫理的・道徳的規準でした。彼女はその基準を次のように説明しています。まずは、**安全で信頼性のある職場環境**を作ることです。高い倫理規準を持つリーダーは公平性、安全性、インクルージョン（すべて尊厳の要素）を確保する印象を周りに与えます。また、従業員に明確な方向性を示しつつ、従業員が自分で時間配分や仕事内容を決める自由を与え（従業員に自律性を与える）、所属意識や連帯感（この二つも尊厳の要素と関係する）を育むことも重要であると彼女は述べています。はっきりしているのは、職場で起こりうる複雑な人間関係の舵を取るためにリーダーが身につけなければならない能力は、尊厳を尊重する方法を学ぶことと直結しているということです。

モニク・ヴァルクールはマネジメントの教授であり、コンサルタントでもあります。彼女は周りの学生たちの間でよく議題に上るテーマとして次のことを紹介しています。「従業員の自主性を損なうリーダーは有害だ。なぜなら、彼らは労働の尊厳を損なうからだ[12]」。このことの重要性をヴァルクールはさらに強調して言います。「尊厳は人の幸福にとって欠かせないだけでなく、人間が作り出す組織の繁栄にとって欠かせません」。そして、「正しい知識を持つリーダーとは、人間を尊厳あるものとして扱うことを心得ているリーダーだ」と言っています。

職場での尊厳の包括的分析を行ってきたランディ・ホドソンも同じ結論に達しています。[13]人の尊厳を大事にする上司とは、従業員がどのように働きたいかの判断を従業員自身に委ねてその自主性を重んじる人であり、そのような人は従業員に開かれた信頼できる環境や、仕事に対しての正当な評価をもらえる安心感を与え、また、自分の価値も周りの人の価値も高められているという実感を強く持たせてくれる人です。このような人がリーダーとして成功しています。

『Think CIVILITY「礼儀正しさ」こそ最強の生存戦略である』（夏目大訳、東洋経済新報社、2019）の著者クリスティーン・ポラスは幅広い調査結果をもとに、効果的なリーダーは礼節（尊厳と重なる要素がある）を示すことができる人だと実証しています。[14]彼女の研究結果では、従業員が充実感をもって仕事にコミットするためにリーダーに求められる最も重要な素質は「人を尊重する態度」です。

私がリーダーシップを担う人々と一緒に仕事をしてきた経験では、ほとんどのリーダーが尊厳についての教育を受けていません。ヴァルクールも指摘していますが、尊厳を重視して人と接するためのガイダンスを受けた管理職は数えるほどしかいません。このテーマに対する興味が広まりつつある今、この貴重な知識をリーダーシップ教育にどのように加えていけるのかということに、より意識が注がれて行くでしょう。ヴィクトル・ユーゴーが言うように、『「その時が来た」という感覚ほどパワフルなものはありません』。まさに、尊厳の時がきたのです。

# 第2章　尊厳を侵害しないための10の要素

破滅を免れるためのより合理的な未来をプランするために、私たちは自分たちを進化的・心理的側面から理解する必要がある。

——E・O・ウィルソン

しばらく前の話ですが、ある組織の役員会に呼ばれました。彼らは、社内に尊厳（ディグニティ）の文化を創り出すことを目的とした尊厳リーダーシップ・トレーニングを私に依頼するかどうか考えていました。まず最初に、尊厳の10の要素を紹介すると、参加者は顔を見合わせて「これらに関して私たちはちゃんとやっている。我が社のミッション・ステートメントにも尊厳の尊重をうたっているほどだ」と言いました。私はそのことを評価し、次に尊厳を侵害する10の誘惑を紹介しました。私たちが自らの尊厳を侵害する習性についてです。するとすぐに参加者の一人が「これこそ私たちが取り組まなければいけないことだ」と言い、他の人たちは黙ったまま、配られた「尊厳を侵害する10の誘惑」の紙をじっと見つめていました。数分後、その場に私を招いた人が微笑みながら私を見つめました。彼女からお礼の言葉とともに、また連絡しますと伝えられました。そしてその日のうちに彼女から電話があり、役員会から尊厳リーダーシップ・トレーニングのゴーサインをもらったことを伝えられました。

この章は尊厳（自らの尊厳と他者の尊厳）を侵害する10の誘惑のまとめです。ここでは人類の進化のプロセスについて知っておくべき知識に焦点をあてています。それはつまり、私たち人間が危機的状況でとる本能的な反応がどのように形成されたかについての進化生物学や心理学からの知見です。この本能的な反応がしばしば尊厳を侵害してしまうからです。

10年以上「ディグニティ・モデル（尊厳モデル）」を用いて様々な会社や団体でコンサルタントをしてきてわかったのは、人間全体にとって最大の知識の欠如は、自己認識不足だということです。ここでいう自己認識とは、個々人がそれぞれに持つ特徴についてではなく、より幅広い次元の自己理解のことです。幅広い次元とは、**私たちがまず何よりも人類という種の一員であることによって定義づけられているということです。**生物学的に言えば、共通の属性が私たちを人間として特徴づけ、他の種族とは区別される存在にしています。レナード・ムロディナウが言うように、「私たちには無意識のマインドがあり、その上に重なっているのが意識的な脳なのです[1]」。残念ながら、この共通した人間性についてはあまり理解も認識もされていません。

どの進化生物学者も心理学者も、人はまっさらな状態でこの世に生まれてくるのではないと言います。むしろ、脳が持っている複雑な遺伝的構造によって、私たちは危機的な状況において は特に、ある一定の行動をとるように方向づけられているのです。[2] 人間は進化と共に、侵害されることに対する感受性を身に着けてきました。このようなサバイバル本能は、何かが私たちに危害を加えるとみなされる場合に瞬時に呼び覚まされます。

人間が脅威に直面した時の反応がFight（戦う）、Flight（逃げる）、Freeze（凍りつく）であることはよく知られていますが、E・O・ウィルソンが指摘するような他の多くの「先祖伝来の思考的な規則性」が進化の名残りであることは知られていません。[3] 人間のメンタルは、生存のための行動や反応を促進させるように進化してきました。心理学や生物学ではこれを自己保存本能と呼びますが、この本能はとてもパワフルです。これが自らの内に存在することを認識していなかったり、またはその存在を無視したりしていると、私たちが本能をコントロールする前に、本能によってコントロールされるリスクを負ってしまいます。問題なのは、このような人間の本能は、一方では生存のために役立つかもしれませんが、他方では他者との関係を崩壊させる力を持っているということです。

しかし人間は組み込まれた本能だけの存在ではありません。私たちにはこのような内蔵された習性をなだめる力が備わっています。進化がしかけた罠の実態について学ぶことで、サバイバル本能に基づく衝動を回避することが可能となります。「生物学（的事実）イコール運命ではありません。ただし、生物学を無視しなければですが」とジェローム・バーコウは警告しています。[4] 自らの尊厳を侵害するように私たちをしむける思考のメカニズムについて知識を得ることで、私たちはそれに振り回されずに制御することができます。

生物的習性に逆らうのは難しいものです。サバイバル本能が引き起こす感情の乱気流は、本能のコントロールを難しくします。屈することなくそれと戦うことを選ぶのは容易ではありません。私たちには、人から悪く思われるのを避けたいという衝動や、自分に必要な変化よりも人間関係を維持することを優先させたいという衝動があります。しかし、強い自尊心と自己主張の力を持てば、そのような衝動を抑えられるようになります。私たちはこのような感情的反応をコントロールする力を身につけることができますが、そのためにはまずそのような感情的反応の存在を意識することと、それをコントロールするために努力する意志が必要となります。

私は進化生物学からのこれらの見地に基づいて「尊厳を侵害する10の誘惑」というリストを考案しました。ここでは、人間が進化の遺産のせいで、自らの尊厳と他者の尊厳を侵害してしまう10の習性を太字で示し、それに、その衝動を超えるための作戦を組み合わせています。

**挑発に乗る**：相手の悪い態度や行動に挑発されて、自分自身の行動が影響されないようにする。尊厳を保つには自制が一番。相手に傷つけられたからと言って相手を傷つけることを正当化しない。

**面目を保つ**：嘘をついたり、隠したり、自分を欺いたりしない。自分がしたことについて真実を述べる。

**責任から逃げる**：相手の尊厳を侵害したときには、過ちを犯したことを認め、相手を傷つけたことに対して謝る。

**偽りの尊厳を求める**：自尊心のために対外的な評価や称賛を求める欲求に注意する。もし自分の価値が周りの人の評価にのみ由来すると考えるならば、それは偽りの尊厳を求めていることになる。自分の尊厳は自らの内からも来る。

**偽りの安全を求める**：人とのつながりが欲しいがために自分の尊厳を貶めてはならない。もし、尊厳が継続的に侵されているような関係にとどまるならば、自らの尊厳を保つことよりも人との関係を優先していることになる。

**対立を避ける**：誰かに自分の尊厳を侵害されて黙っていてはいけない。自分のために立ち上がりなさい。対立を避けてはならない。侵害状態があるということは、その関係において何かが変わらなければならないことを意味している。

**自分が罪のない被害者だと思い込む**：困難な関係において自分が罪のない被害者であると思い込んではならない。自分にも責任があるという可能性を排除しない。あなたはそのことに意識が及んでいないかもしれない。私たちは相手の目線で自分を見ることができるように、より広い視野から自らを見る必要がある。

**フィードバックを拒否する**：他者からのフィードバックを嫌がらない。当然だが、私たちは自分がわかっていないということに気づかない。誰にも盲点はあり、無意識のうちに不適切な行動を取ることがある。建設的な批判を拒否する自己防衛本能を乗り越えて、フィードバックを成長の機会だと考えられるようにならなければならない。

**罪悪感を避けるために他者を非難し侮蔑する**：自分の犯した過ちから注目をそらすために他者を批判し侮蔑してはならない。自分を守るために他の人を貶める衝動を抑えよう。

**偽りの親密さを求め、うわさ話をする**：人のうわさ話をすることで相手との親密な関係を求める傾向に気を付けよう。誰かその人のいないところで批判したり厳しく裁いたりすることは、話し相手と親密な関係を作るためであったり、話題として面白いかもしれないが、それは有害であり品のないことである。人と親密な関係を築きたいのであれば自分についての真実、つまり自分の内面で本当に起こっていることを語りなさい。そして相手にも同じことを求めなさい。

他の人の目、特に権力や地位のある人たちの目に悪く映りたくないという欲求にはサバイバル的な価値があります。[5]社会的立場に対する脅威は私たちの自己保存本能を刺激します。この誘惑の落とし穴にはまってしまった最たる例として私が取り上げたいのはランス・アームストロング（アメリカの有名な自転車競技選手）です。政治界やビジネス界の有名なリーダーたちも同じように誘惑に負けてきましたが、アームストロングのケースでは、ドーピングを隠蔽しようとしたことによって10の誘惑のほとんどすべてに負けてしまったことが特によくわかります。世間の目に悪く映ることを心から恐れたために、彼は真実を語ることよりも自己保存を選んでしまいました。ジョナサン・ハイトが言うように、人は真実よりも自らの評判を守ることを優先します。人間の興味は、良く在るよりも良く見られる方に傾いているとハイトは言います。[6]

アームストロングがツール・ド・フランスの自転車レースで7連覇を制覇した後ドーピン

グの疑惑が浮上し、彼が薬物を使用したかどうかの調査が始まりました。アームストロングは数年にわたって無罪を主張しました。また、自分に対して進んでいた調査を止めるために連邦訴訟を起こして戦いました。訴訟は却下され、アームストロングは世間の注目の中、屈辱的な道を辿ることになりました。結果的にツール・ド・フランスでのすべてのタイトルを剝奪され、オリンピックの銅メダルも失いました。スポンサー契約を更新する企業はいませんでした。彼はステータスと権力を失っただけではなく、自分の尊厳を傷つけてしまいました。ここで、アームストロングが抵抗できなかった誘惑を見てみましょう。

**挑発に乗る：**アームストロングは自らの犯罪行為から目をそらすために、他者を傷つけるような形で反撃しました。そして自分への起訴を取り下げさせるための訴訟を起こしました。

**面目を保つ：**正直にドーピングを認めるかわりに、アームストロングは真実を覆い隠そうとして様々な欺瞞に（自分を欺くことも含めて）手を染めました。彼のケースをよく調べてみたところ、彼は自分自身をも完全に欺き、自分が薬物を使用していないと信じきっていたようです。

**責任から逃げる：**彼は人に対して、そして世間に対して嘘をつきました。自分の行動に対して責任を取りませんでした。

**偽りの尊厳を求める**：自分の生まれ持つ尊厳を守ることよりも、周りに認められたい欲求の方が勝ってしまいました。

**無実な被害者であることを主張する**：彼は自分が不当な扱いを受けていること、試合のルールを一切破っていないこと、無実であることを世間に信じさせようとしました。

**フィードバックを拒否する**：ドーピングの嫌疑が浮上したときに、彼はそれを正当なフィードバックとして受け止めて自分の過ちを受け入れようとせず、否定しました。

**罪悪感を避けるために他者を非難し侮辱する**：自らの誤った行動を認めることをせず、アームストロングは逆に訴訟を起こし、他の人が彼の薬物使用のことで嘘をついたと主張して自分に対しての取り調べを阻止しようとしました。

癌を克服しツール・ド・フランスの栄冠を何回も勝ち取ったことで尊敬を集めていたアームストロング。彼のような人が名誉ある立場から転落すると、特に非難を受けます。少なくとも、世間は彼に裏切られたと感じましたし、そして多くの人の反感を買ってしまったことで彼も深く悩みを抱えたことでしょう。最初に逃れようとした屈辱に結局は捕らえられてしまったのです。逃げ切れるなどとどうして思ったのでしょう?

もし、最初に疑惑が発覚したときに、アームストロングが薬物を使用したという真実を認めてさえいれば、世間は彼に対してより優しい態度を取ったでしょう。なぜなら、彼は癌を克服し、人々は彼にとても感情移入していたからです。しかし、尊厳の専門家であるリンダ・ハートリングとエヴリン・リンドナーが言うように、私たちの深いところには屈辱を受けることに対する恐怖があります。[7] アームストロングの場合も、醜聞を避けたいという気持ちのほうが、自分の尊厳を守る欲求よりも勝ってしまったようです。

私たちの内面世界が辿ってきた変遷の仕組みを理解しても、誘惑の力に負けそうになるときの決断が楽になるわけではありませんが、少なくとも誘惑に屈してしまった後の代償を意識することにはなるでしょう。また、この誘惑との戦いが私たちみんなが直面する課題であると認識すれば、誘惑にあったときに自分をもっと優しい目で見ることもできるでしょう。本当のところ、内面の葛藤は人間の特徴の一つです。ウィルソンが説明するように、内面の葛藤は個人的な欠点ではなく、時代を越えた人間の素質なのです。[8] 自己保存へと私たちを引っ張る力は、他者とつながり集団の一員となるニーズと絶えずぶつかり合っています。前にも示したように、私たちは社会的な存在であり、数の多さに安全性を見出してきました。人の目に悪く映ることで、私たちは彼らとのつながりを失うリスクを負います。過ちを犯したことが明るみに出たときに感じる恥はあまりにも強いものなので、私たちは何が何でもそれを避けるのです。

この二つの競い合う力が生み出す緊張によって、私たちの内に葛藤が生じます。「止むことのないアンビバレンス（互いに矛盾する価値の間での迷い）とアンビギュイティー（両義性）は、人間の心を支配する原始からの奇妙な遺産の結果である」とウィルソンは述べています。[9]

このような人類共通の基本的側面を認識することができれば、私たちは自分にもう少し優しくなり、他者に対してもその思いやりを持つことができるのではないでしょうか。誘惑に負けた人をつるし上げて裁く心を自制して、「状況が違えば自分が彼だったかもしれない」と思えるでしょう。

ディグニティ・モデルのもう一つの側面は、何があっても自分のイメージを守りたいという衝動にかられた時の私たちの状況を説明するもので、私が「I」と「Me」と呼ぶ二つのものの対比です。私はこの哲学者ウィリアム・ジェームズの考え方を用いて、10の誘惑に陥りそうになるときに私たちがよく感じる緊張関係を説明しています。[10]

「I」は私たちの安定的で継続的な部分です。これは、世界と絶えず関わり合っている「Me」（自己の本能的な衝動に反応し行動する自分）を見守ることができます。「I」は一歩下がったところから広い視野で世界と関わる自分を眺めることができる自分だと思ってください。

対照的に「Me」は絶えず世界と関わりを持ち、他者に対して行動を起こしたり他者の行動に反応したりする自分のことです。尊厳が傷つけられると本能的に反応してしまう自分です。「Me」は誘惑に陥りやすく、何があっても自分を守ろうとします。「Me」は私たちの意識の外側で動くことができる部分です。進化の遺産によって突き動かされるので、たとえ何があっても人の目に良く映りたいのです。そして自らの価値の評価を外に求め、いい気分になれるような称賛と承認を絶えず求めています。人の目を必要以上に気にし、内面では心の声がいつもこう自問しています。「私はこれで十分だろうか。十分賢いか。愛されるに値するか。人と比べて私はどうだろうか?」評価や批判は他者にも向けられます。「私は彼らより優れているのか、それとも劣っているのか?」他者と自分を比較することは私たちの最大の関心事です。

「Me」は他者との対立関係に陥りやすい性質も持っています。自己防衛的であり、反動的であり、脅威を与える相手を抹消することだけが目的です。挑発に乗って仕返しや報復を求めます。「Me」は10の誘惑の積極的な主人公です。人に好意的に見られなくなることやステータスを失うことがないように、何でも（嘘、欺き、隠蔽、責任逃れ）します。何があっても自分を守ります。

「I」は自らの価値を確認するために他者に依存することはありません。価値は無条件に与えられていることを知っています。マンデラ意識を持っています。尊厳を外部に承認してもらう必要を感じません。フィードバックを批判としてではなく、成長の機会として受け止めます。特に、自分には見えないけれど他者には見える自分の側面について学ぶことに開かれています。

私たちの意識が「I」にしっかりとつながっていれば、尊厳のあらゆる側面を経験することができます。自分の尊厳とのつながり、他者の尊厳とのつながり、自然界とのつながり、そして自分を超えた何かとのつながりです。「Me」とは対照的に、その目的は自己保存ではなく自己拡張と成長です。

尊厳を学ぶ目的の一つは、私たちが持っているこの二つの側面を認識することです。「Me」に動かされている自分を意識することができれば、自らの尊厳を侵してしまう衝動（人の目に悪く映ることを恐れるあまりに自分の誤った行いを隠すこと）を押さえ込むことができます。私たちはこの二つの側面の間にいい関係をつくる必要があります。自滅的な自己侵害を起こす行動に陥りそうになった「Me」を「I」が救出することができるように、「I」には「Me」の横暴を抑制する力があります。「Me」は外に自己肯定感や安らぎを求めるのをやめて、自らの内に向かうことで「I」の内に憩いの場を見つけることができます。

誘惑に陥りやすいときにも人間は自制する内面的資源を持ち合わせていると知ることで、私たちは自らの手の中に再びパワーを取り戻すことができます。本能の奴隷になる必要はありません。たとえ過ちを犯したとしても、私たちは正しいことを選び取る力を有しています。

# 第3章　尊厳の深みと広がり
## ――尊厳意識が意味する3つのC

人間は宇宙と呼ばれる全体の一部であり、時間的空間的限界がある。人は自分自身とその考えも感情も、他のものとはかけ離れたものとして体験する。まるで意識の幻覚妄想であるかのように。この妄想は一種の牢獄のようで、私たちを個人的欲望の世界とごく限られた近しい人たちへの愛情に限定している。美しい自然界とすべての生き物に愛情の輪を広げることによって、その牢獄から自らを解放することが、私たちのなすべき務めである。

――アルバート・アインシュタイン

毎年秋に、ニューヨーク市にあるコロンビア大学で「対立関係の癒しと和解：尊厳（ディグニティ）を切り口に」という三日間の授業を開講しています。[1]この講義はコロンビア大学の学生はもちろん、学習を続けたい卒業生も受講することができます。

授業をはじめるにあたり私がいつも学生たちに言うのは、「あなたたちはもうすでに尊厳について様々なことを知っているけれども、この授業は参加者にそれを表現するための言語とボキャブラリーを与えるものだ」ということです。学生たちには自らの尊厳の体験を分かち合うように促します。彼らの分かち合いはいつも深い示唆を与えるものです。あるセッションでは、一人の女性が自分自身の尊厳の体験を分かち合うだけではなく、参加している私たちに尊厳についてより広い理解を与えてくれました。

それは授業の最初のセッションでのことでした。例年と同じように、参加者たちが自分たちなりに尊厳を定義することから始まります。学生たちは尊厳を尊重された経験や侵害された経験を分かち合いながら、尊厳が何であるのか、何でないのかを長い時間をかけて議論しました。この女性（博士課程の学生デイビー・フロイド）以外の人は積極的に議論に参加していました。彼女は自己紹介で、自分は会社の重役として働いているが、現在はサバティカルをもらって人間開発学の博士課程の取得を目指していること、どうすれば賢明さの発達を促進できるかを研究していることを話しました。そしてこの授業の開講を知り、尊厳の視点から対立解決を考えるアプローチに興味を持ったとのことでした。彼女は最初のセッションでは何も言いませんでした。何も話さないのは珍しいことです。多くの学生は自分の経験や考えを話したがるからです。

最初のセッションを終えて休憩に入ろうとしたときに、彼女が手を挙げました。彼女が何を考えているのか私も気になり始めていたところでした。授業内容にがっかりしていたのか？　私のプレゼンテーション内容に異を唱えたいと思っていたのか？　彼女は何を考えていたのか？　私は彼女がコメントをしてくれることに安堵し、彼女がいったい何を言うのか待ち遠しい思いでした。

フロイドは話し始めました。「ドナ、私はあなたや学生の皆さんが尊厳について話し合っている内容をここに座りながら注意深く聞いていました。今まで発言しなかったのは、自分の思いを整理できていなかったからですが、ようやく整理がつきました。尊厳は皆さんが思っているよりもはるかに大きいものだと私は思います。尊厳は私たちが生まれ持っている価値であるとあなたは教えてくれました。それには同意しますが、私は尊厳は個々人の価値をはるかに超えたものだと思います。尊厳はすべての人が神から託されているものだと私は思います。私たちの役目はそれを育み、守ることです。なぜなら、あなたが言うように、尊厳は傷つきやすいからです。私たちは自らのことを尊厳の守護者として捉える必要があります。これは自分の尊厳に限った話ではありません。尊厳は自分のこと、他者のこと、そして私たちを取りまく世界のこととして様々な形を持ちますが、私たちはそれらを守っていかなければなりません。尊厳は実に生きることそのものであり、私たちは皆そのことに責任を負っているのです」

参加者は何も言わず静かに座っていました。圧倒されたのです。驚きのあまり私は「ワオ」という言葉を発することしかできませんでした。参加者は感嘆して彼女を見つめ、満面の笑顔でうなずいていました。

フロイドの洞察に触発されて、私は尊厳を三つのC（Connection＝つながり）で要約できると考えました。

「尊厳を知ること」または「尊厳意識」が意味するのは、自分の尊厳とのつながり（第一のC）、他者の尊厳とのつながり（第二のC）、そして自分よりも大きな存在の尊厳とのつながり（第三のC）です。この第三のCは様々な意味合いを持ちます。ある人にとってこれは神や創造主といった超越的存在（ハイヤーパワー）とのつながりであり、そこには自然界や私たちが住処としている地球も含まれます。加えてここには、公共の利益に関係する目的（私たちの人生に意味を与えるもの）とのつながりも含まれます。

尊厳についてのより広い位置づけを理解するようになってわかったのは、この三つのCのいずれとの断絶でも、感情的な混乱や苦しみの原因になりうるということです。もし私たちが自らの尊厳にのみ関心を寄せていて、他者の尊厳や周りの世界の尊厳を見ようとしないならば、私たちはナルシシストのようなふるまいをするリスクを負ってしまいます。もし私たちが自らの尊厳と他者の尊厳に気を配っても、私たちの住むこの世界の尊厳を尊重する必要性を知らず、共通の利益に貢献する生活をしていないのなら、私たちは人生の意味や目的の欠如に苦しむかもしれません。尊厳をこのように捉えることで、多くの人が自分の苦しみの原因に気づき、その苦しみから抜け出すヒントを得てきました。

最初にあげたアインシュタインの言葉のように、私たちは全体の中の一部なのです。しかし尊厳に関する様々なことについて無知であるせいで、そのことを感じるためのより深いつながりが阻害されています。私の夫リック・カスチーノは、自分より大きな存在との一体感とその充足感を理解し体験するきっかけを与えてくれました。それは彼の50歳の誕生日を祝う旅行中でのことです。

リックは釣りが大好きで、最も好きな映画の一つが「リバー・ランズ・スルー・イット」という、二人の兄弟がモンタナ州で充実した釣りの時間を過ごす話です。この映画が撮影されたギャラティン川で釣りをするというのが、夫の誕生日の希望でした。私は彼のために川専門のガイドやマディソン山脈の絶景を見渡せる素敵なロッジを手配しました。

ホテルにたどり着いたのは長い旅の一日の終わりでした。私たちはモンタナ州に一度も来たことがなかったので、周りの自然に圧倒されました。部屋に入るとバルコニーからは山々が目の前に広がっていました。バルコニーに出ると、すべてが息をのむような景色でした。私たちはしばらくそこに立って畏敬の念を感じさせる景色を目にしていました。「この風景を見ていると何だか自分がちっぽけに思えてこない？」と私が言うと、彼は信じられないという顔で私を見つめて言いました。「何を言ってるんだ。ちっぽけだなんて。違うよ。ぼくは自然との一体感を感じるよ」。

圧倒的な自然の奇跡（ワンダー）を前にして私が自分のことをちっぽけと表現したときに見落としていたのは、自分自身の尊厳とのつながりです。生まれ持つ価値とのつながりが自らの内にあれば、他のものによって自分をちっぽけな存在だと感じさせられることはありません。私たちはみんながその奇跡の一部なのです。

リーダーシップをとる立場にいる人にとって、なぜ三つのCの知識は重要なのでしょうか？　私が「ディグニティ（尊厳）評価」を依頼されたある組織を例に、三つのCがどのように関係していたかを見てみましょう。

アメリカの移民が直面する諸問題に取り組む、ある小さな団体で、職員の間に軋轢が生じていました。移民としてアメリカに入国する人々が経験する様々な不正義に関して、この団体の職員は惜しみなく働き、資金的余裕がなく法的サポートを受けられない多くの人々を助けるために、素晴らしい仕事をしていました。職員はみんなこの団体の仕事に深くコミットしていました。

法廷で弁論に立つ弁護士たちの何人かは比較的年長の男性弁護士で、長い間この団体のために働いてきた人たちでしたが、最近になって、数人の若い女性弁護士たちが弁護団の協力者として雇われました。この男性弁護士たちと女性弁護士たちの間に軋轢が生じていたのです。女性たちはその団体には正されるべき強い性差別があると感じていました。最も高い報酬を受けるのも、団体の特典を受けるのも男性でした（例えば、彼らには最も魅力的でメディアの注目を集める裁判を割り当てられていました）。仕事量の割り当てが不公平だと言う不満をもつ人たちもいました。さらに話を聞いていると、その他にも差別的な対応が明らかになりました。

私たちは、次のような尊厳の要素が侵害されているとの結論にいたりました。**アイデンティティ**（女性たちは自分が女性であることで違う扱いをされていると感じていた）、**認識する**（多くの人は自分が沈黙のうちに苦しみに耐えていると考え、この状態に対して誰も注目しようとしないととらえていた）、**公平さ**（多くの人は給料や仕事の割り当て量についてダブルスタンダードを感じていた）、**安全**（尊厳が侵害されている状況の中で、一部の職員は安心して声を上げられないと思っていた）、**インクルージョン**（一部の人は注目を集めるような仕事の担当候補から外されていると感じていた）。尊厳の要素すべてが今までのどこかの時点で侵害されてきたという意見もありました。

一日目には「ディグニティ・モデル（尊厳モデル）」を紹介し、団体内で職員が感じていた尊厳の侵害の実態を言語化しました。その後、私は二日目に取り組むべきこれからの方向性について振り返っていました。ここで三つのCのことを考えながら、関係者の間で大変興味深い状況が生まれていたことに気がつきました。

まず、彼らが移民のために守ろうとしている尊厳の要素のことを考えました。**アイデンティティ**（国に非アメリカ人として入国しようとしている）、**認識する**（彼らがおかれている劣悪な状況）、**公平さ**（多くの人は不正を経験していた）、**安全**（ほとんどの人が安心して生活できるとは感じておらず、いつなんどき、悪い扱いを受け、または強制送還されるのではないかと不安を抱えていた）、**インクルージョン**（多くの移民は自分がこの社会の一員であると所属意識を感じることができず、むしろ、社会の周縁に追いやられていると感じていた）。私がすぐに気がついたのは次のことです。**団体の構成**

**員が一所懸命移民のために守ろうとしていた同じ尊厳の要素が、職員同士の間でないがしろにされていました。**外の社会で起こる尊厳の侵害に対して必死に戦っていた団体が、その団体内において、まさに同じ尊厳侵害をミラーリング（鏡のように反映）していたのです。

三つのCの視点で彼らの実情を考えると、彼らは三つ目のCについては申し分のないつながりを持っていました。自分たちよりも大きなものとつながることで、団体の目的と使命をしっかりと持っていました。しかし、第一のC（自分の尊厳とのつながり）と第二のC（他者の尊厳とのつながり）は十分に確保できていませんでした。自分自身の価値とのつながりを自覚できていない職員もいました。マンデラ意識（尊厳は自らの手の中にのみあって、他の人が自分から奪い取ることができないものである）を紹介したときに、団体内の多くの人がこのようなことを考えたことがないと認めていました。第二のCも課題でした。多くの職員がお互いの尊厳を侵害していたからです。

ミラーリングの視点を紹介すると、団体の人々は言葉を失っていました。私の考えを否定する人はいませんでした。むしろ、謙虚に受け止めているようでした。私が彼らに鏡を突き付けても、彼らは目をそらしませんでした。この素晴らしい人たちは、よりよい仕事環境を作りあげ、お互いの関係を改善するために必要なことをする覚悟を持っていました。リーダーシップチームは私が提案した課題を誠意をもって受け入れました。彼らは尊厳を尊重する行動を実践し、誘惑に負けそうになるときの自分を認識することができ、（自分と他者の）尊厳を守り、そして他者からのフィードバックを受け入れました。ある人は、みんながすでに共有している第三のC（自分より大きな存在の尊厳とのつながり）も自分の尊厳や他者の尊厳とつながることで、さらに向上できるだろうと言っていました。今もこの人たちは、団体内で生じる尊厳の課題に誠意をもって取り組んでいます。

この介入が成功した要因は、リーダーシップチームが、たとえそれが居心地の悪いものであっても、目の前で鏡がかざされることを受け入れたことでした。彼らは尊厳の守護者としての自分たちの責任を理解し、三つのつながりを維持するための努力を惜しまなかったのです。

尊厳を理解し実践する取り組みは時間がかかるし、終わることはありません。誰にでも後退することはありますが、幸いにも「ディグニティ・モデル」にはそのようなときのための対処方法が含まれています。第3部でこのことを詳しく説明しますが、まずは、尊厳の侵害に対して責任を取るために一番大事なことは、何も起こらなかったかのようなふり（私たちのデフォルト反応）をしないで、むしろ侵害してしまった相手と向き合って謝ることです。第二に、謝るだけでは十分ではないので、今後自分の行動を変える努力をすることを相手に伝えることです。この二つ目の行為は、傷ついた相手を安心させ、誰もがそうであるようにあなたもまだ変革途上の存在であることを相手に気づかせてくれます。

社会の不正義をこの団体が内部でミラーリングしていた状態は、決して珍しいことではありません。他の多くのグループも、自分たちの組織がいかに同様の問題を抱えて困っているかに気づいて驚きます。この例のように三つ目のCが健全で他の二つがそうでないケースが多いわけではありません。今までコンサルタントとして関わってきた団体の中には、一つ目と二つ目のコネクションはしっかりしているけれども、働いている人たちが自分よりも大きなものや目的につながっている実感を持てないでいる状況もありました。三つのCは、団体内のどこで不具合が起きていて、対処するにはどうしたらよいのかを診断するツールとして用いることができます。いずれにしても、これはコミュニティ全体の幸福を作るために尊厳が果たす欠かせない役割と、それに対する私たちの責任を明確にするものです。そして、そのコミュニティは家族、職場、地域、国、ときには世界でもあるのです。

# 第4章 リーダーシップと人作り
## ――人はどのようにつながっているのか？

私たちの過去に存在するものも未来に存在するものも、私たちの内に存在するものと比べるならば小さなものです。

――ラルフ・ワルド・エマーソン

今、リーダーシップが危機的な状況にあるというのは本当でしょうか？　エリザベス・サメットが言うように[1]、私たちは「助けられるのを待っている」のでしょうか？　ジョン・アダムズは、社会の状態を改善するためには私たちが「力の源」を手に入れ、かつ賢く活用しなければならないと言いましたが、私たちはその「力の源」を見出すために必要な内なる自信を育むことに失敗したのでしょうか？

残念ながら、私たちはリーダーシップのチャレンジに向き合ってこなかったと言わざるを得ません。リーダーシップの専門家たちはさらに深刻にこの事態を受け止めていますが、その理由はそれぞれです。『悪いヤツほど出世する』（村井章子訳、日本経済新聞出版、２０１６）の著者であるスタンフォード大学のジェフリー・フェファー教授によると、「リーダーシップ産業」は、トレーニングやリーダーシップ開発のためのセミナーや本やブログなどに膨大な時間やエネルギーやリソースを費やしているわりに、それに見合うようなリーダーの行動や成果を生み出していません。[2]

フェファーは、従業員を対象としたものなど様々な調査結果をもとに、アメリカや世界各国は「リーダーを信頼できずに不満でやる気を失った従業員で満ちている」と言います。彼の主張によると、職場は多くの場合有害な環境で、そこで働く人々にとって健康的とは言えず、また雇用主や会社、団体にとっても悪影響となっています。しかし、リーダーシップ産業は、際限のない商品の提供にもかかわらず、従業員が求めているような社内環境の変化を創り出すことに成功していません。

変化を生み出せていない理由として彼が挙げているのは、何が有効で何が無駄であるかについて厳しい検証がなされていない現状です。彼の分析によると、問題の根幹にはリーダーシップ産業の「規範的なものへの異常な執着心」の問題があります。彼らは「リーダーがどのような行動を取るべきか、現状がどうあるべきかなどに執着し、向き合うべき基本的な問い（真実は何か、今起こっていることは何か、その原因は何か）に向き合ってこなかった」と言います。

この失敗についてのもう一つの説明は、多くの場合人々がリーダーに触発されたいと思っているということです。リーダーシップに対するこの「道徳の授業のようなイイ話を求めるアプローチ」は、職場環境において本当に求められている変化をもたらしていません。意味のある変化を生み出すためには、リーダーからのインスピレーションは適切な土台とはならないとフェファーは言います。

私もフェファーと同じく、インスピレーションは従業員がリーダーや組織の文化に求めている変化を創り出す強い土台にはならないと思います。求められているのは洞察力です。そしてこの洞察力のもとになるのは、どうすれば健康な人間関係を創り出し、どんなことをすればみんなで成長し繁栄していくことができるかを知ることです。

洞察力はたまたま得られるものではありません。健康な職場環境を創り出すためには、普段大学や専門学校では教わらないような知識が必要です。リーダーシップ専門家のロナルド・A・ハイフェッツが指摘するように、リーダーが責任を持たなければならない技術的な側面（ビジネスプランの作成、戦略の実行、企業のビジョンに必要な戦術の実行）と、彼が「適応の仕事」と呼んでいるものとは違うのです。[3] 団体が技術的ではない問題（例えば、対立関係に悩む不満を感じている労働者たち、または従業員に悪影響をおよぼすようになってしまった文化）に直面するとき、リーダーは自分の理解力の限界に達している可能性に気がつかなければなりません。つまり、リーダーは新しい学びに対してオープンになる必要があります。どんなに技術的に優れたノウハウや専門性をもっていても、目の前の問題は解決できません。

リーダーたちが直面しているのは適応力の問題です。なぜなら、彼らは自分が知っていると自負するものの境界線を広げ、問題の解決の方法を見つけ、そして直面する問題の最も深いところにある複雑で人間的な営みを考慮する必要があるからです。有名な人間開発学の学者、ロバート・キーガンは、自らを超えることができる人や組織だけが、適応力を必要とする課題に立ち向かうことができると言います。[4] 変化は私たちに「より成長する」ことを求めます。そしてそのためには私たちが知っていると思っていることの限界を超える必要があります。

求められる変化が、リーダー自身のものの考え方や、態度や行動に関係していることもあり、それらが組織内の機能不全を生じさせている場合もあります。このように適応力が試される状態では、リーダーがより広い認識を持つことと、自己中心的な態度を改めることが求められます。このような変化の次の過程では、リーダーが自らの意思で新たな個人的成長の段階へ進まなければなりません。その新たな段階とは、自分の周りで何が起こっているのかを今までとは違う方法で理解することを意味します。

「問題とは、それを作ったときと同じ考え方では解決できないものだ」というアインシュタインの言葉はよく知られていますが、私たちに求められているのは、一歩下がって自分自身の考え方や態度を振り返り、それらが今直面する問題にどのように関係しているかを理解することです。

自分の限界（自分が持つ解決の方法の限界）を知る確実な方法は、自分が人間関係の問題を経験する頻度に気づくことです。私が紛争解決の分野で25年間働いてきて学んだことは、他者と対立関係が生じるということは、何らかの変化が求められている印だということです。その変化は私たちの盲点を明らかにし、それが周りの人にどのようにネガティブな影響を与えているかを示してくれます。

例えば、私はある企業のリーダーに招かれ、組織内で生じていた従業員間の問題を解決できないかと相談されました。そこで従業員や会社経営陣にインタビューをした結果、従業員は自分たちの問題提起が経営陣に無視され、尊厳が侵害されたと感じていたことが明らかになりました。従業員は自分たちの主張が真剣に取り上げられず、問題の原因についての自分たちの意見も有効で役に立つものとして扱われていないと思っていました。その部署の人たちは、経営陣ではなく、自分たちこそが部署内で起こっていることを把握していると主張しました。組織内の問題を解決するために役立つ重要な情報を従業員が持っていることを経営陣が認識せず、逆に「自分たちこそがわかっている」という立場をとったことで、従業員の激しい反感を買ったのでした。

「私たちはこの問題の発生にどのように関わっているのだろうか？」という簡単な自問が経営陣にはできませんでした。逆に、彼らは自分たちこそがすべてわかっていると信じ込んでいたため、従業員からのフィードバックを軽視しました。これはアインシュタインが警鐘を鳴らした誤った考え方の良い例です。経営陣は自分たちの考え方を改めるチャンスがあったのにそうしませんでした。むしろ、問題の発生時に使っていた考え方をそのまま使って問題の解決に当たろうとしたのです。組織内の対立関係を招いてしまったリーダーシップの失敗は、経営陣の考え方の失敗であり、**自分たちの盲点に対する自覚のなさ**のせいでした。もっと複合的な考え方ができる人へと成長するチャンスを逃したことで、新しいアプローチを受け入れていればなれたであろう有能なリーダーになれませんでした。

　自分たちこそがわかっているという考えよりも、少しの謙虚さの方が役に立ったでしょう。「私たちには何が見えていないのだろう?」と自問することで、自分たちには見えていない考え方の歪みが他者には見えている可能性に気づくのです。こう自問できるためには、人間の内面的発達に対する理解が必要です。つまり、自分自身や他者の経験、また周りの世界の出来事に対する理解の助けとなる考え方や内的対話が必要になります。発達学の研究者キーガンが説明するように、このような人間的成長は一生涯続くものなのです。[5]

　子どもが単純な形で周りの現実を理解する一方、大人がより繊細で複雑な形で周りの現実を理解し意味づけることを考えると、人間を取り巻く世界に対する考え方や、その世界の中での自分の位置づけなどに対する考え方が大きく変化してきたことがわかります。私たちの内面的成長は、大人になるときに経験する身体的成長とは大きく異なります。最も大きな違いは、私たちの身体的な成熟は思春期から成人になる時期までで終了する一方で、私たちの内面的成長は一生涯続く点です。脳の神経可塑性のおかげで私たちは新たな情報を取り入れ、絶えず適応することができます[6]。

私たちには生涯を通してより高度な思考に発展するポテンシャルがあるのですが、大人たちの多くはさらに複合的な段階に進むことができません。キーガンは、人間がより高度な意識に発展進歩する道には、同時に相当な内的抵抗が伴うと言います。「この世に新しい生命が誕生するときの陣痛と同じように、人間の成長過程において、自分自身の限界を認めて乗り越えていくことは、ときに痛みを伴います」[7]。

私たちは人間関係の中で成長し発展します。ですから、人間関係こそが私たちの内的成長の限界を試す最適の場所です。繰り返しになりますが、もし人間関係において問題が多発しているなら、それは発展的チャレンジに直面している可能性が高いと考えてください。言い換えればこれは**成長する機会**です。現在の自分のものの考え方（自分や自分に与えられた人間関係について）が問題の原因だという認識を持つことは痛みを伴うかもしれません。なぜなら、自分の行動が他者からは見えているが自分には見えていない盲点によるものだとしたら、それを認めてフィードバックを受ける恥ずかしさや情けなさに耐えられないかもしれないからです。リンダ・ハートリングとエヴリン・リンドナーが言うように、恥を受けることは実際恐ろしいことです[8]。それによって私たちは、他者と切り離され孤立を感じる苦しい道を歩かねばならないからです。そのように傷つきやすい状態では、私たちは面目を失うだけでなくより大きなもの、尊厳（ディグニティ）をも失うように感じるのではないでしょうか。自分の価値（自尊心）をはかる今の物差しを手放すことからくる恐れや恥は、私たちを衰弱させます。

企業経営者と従業員の間で生じた対立関係においては、どんなことが起こっていたのでしょうか？　もし企業が直面している問題が自分たちの責任でもあると認めたら、周りからどう見られるかを経営者たちは恐れたのでしょうか？　経営者が、自分たちこそわかっているかのようにふるまったのは、自分たちが間違っていたと認めるのが怖かったからでしょうか？　従業員からのフィードバックを拒否したのは、自分たちの尊厳に対する脅威と感じられた状況に耐えられなかったからでしょうか？　これらの質問に対する答えはすべてＹＥＳだと私は思います。

このような状態をより理解するために、まず経営陣が自分の尊厳はどこから来ると思っているか考えてみてください。前にも書きましたが、私たちの尊厳に対する認識は生涯を通して発展し変化します。[9]（より正確に言うと変化が可能です。もし私たちがそのプロセスと、変わらないことのリスクを理解すれば）。私たちが尊厳を実感し理解するには三つのステージがあると私は考えます。依存、自立、そして相互依存です。

## 第１ステージ：依存

　私たちは世の中に生まれてくるとき、最初はすべてにおいて世話をしてくれる人に依存しています。乳児は弱い存在なので絶えずケアを必要とします。この早い段階で乳児は身体的な要望に応えてもらうことと同時に、尊厳を育んでもらうことを必要とします。周りの人が自分を見てくれている、自分の言うことを聞いてくれている、自分のニーズに応えてくれていると感じ、何より人間関係において安心感を持てる環境で育つなら、子どもたちは健全な自尊心を養うことができるでしょう。大人になってからとは違い、このステージでは子どもは世話をする人から尊厳を承認してもらうことに依存しています。彼らがどのように扱われるかは大変重要です。**世話をする人が価値ある存在として自分を扱ってくれることを通して、子どもは自らの尊厳を経験するのです。**周りがもしこのような扱いをしなければ、子どもは自分を価値のない存在と思ってしまうリスクがあります。最悪の場合、もし誰かが子どもにひどいことをすれば、その子は自分が悪いのだと思ってしまいます。例えば、職場でうまくいっていない親が家に帰ってきて、子どもが何も悪いことをしていないのに子どもに怒鳴ったりまたは完全に無視したりするとします。子どもは親がストレス発散のために怒りを子どもにぶつけていることを理解する思考能力がありません。子どもは自分の価値が保護者からの愛情や関心の度合いにかかっていると思っているので、結果的に自らを価値のないものとして考えてしまいます。このステージにいる人にとって一番傷つくのは、自分の価値を実感するために必要だと思っている他者からの評価が得られないことです。

他者への依存というこのステージは、子どもが自分の価値をどのように経験するかの特徴を表していますが、大人がこの発達段階にとどまってしまうことも決して珍しくありません。健康的な人間関係がなければ、また継続的な愛情やケアがなければ、他の人に粗末に扱われる自分には価値がないと思い込んでしまう可能性は誰にでもあります。自己を肯定するための外部評価のニーズは成人してからも続きます。人からどう見られどう扱われるかによって自らの尊厳を確認する傾向はずっと続きます。

## 第2ステージ：自立

自分の尊厳についてバランスの取れた理解をするための次のステージは、自分の価値が他者から受ける扱いにだけ由来するのではないと知ることです。継続的な愛情やケアを受けてきた経験（子どものころから尊厳を尊重された経験）の上に、私たちは自らの尊厳の源を内在化します。つまり、自分の価値が自分の中から来ることを認識します。この段階では、自らの存在に自信を持つことで、感情や行動が安定します。自己肯定のために周りからの称賛や評価を求めなくてもよくなります。この発達段階の限界は、他者からのネガティブな評価にはまだ弱いことです。自分の価値が他の人に疑問視されていると感じてしまうからです。そして批判と見なされるものには対抗し、自分の尊厳を守るために反撃します。

## 第３ステージ：相互依存

自分が生まれ持った価値をより進化した形で理解するこのステージでは、自らの尊厳を守り維持するためには他の人の協力も必要だと理解します。これは依存ステージで説明した子どものような状態とは異なります。むしろ、自分自身を知ることには限界があることを自覚するようになり、他者に対して自分が迷惑をかけている可能性や、誰にでも盲点があることを認識するようになります。自分の盲点に気づくために、また自分の尊厳や他者の尊厳を侵害している可能性を認識するために、人の助けや人の目が必要となります。自らの価値を単純に内在化するステージから一歩前進して、たとえ不快な内容でも他者からフィードバックを受けることのメリットを理解するようになります。

キーガンが指摘するように、成長には痛みが伴うこともあります。しかし盲点が指摘されることの不快感に耐えることができれば、私たちは一回り大きくなる機会を得ます。それは、自分の価値の無限性や、自分の尊厳が条件付きではないことをより深く理解する機会です。他者からの批判は私たちの尊厳を脅かしません。このステージにおいて**私たちは自らの価値意識に立脚しつつ、同時に弱くて傷つきやすい自分をも表現することができるようになります**。自分の盲点を他者に指摘されて困惑したり恥ずかしく感じたりしても、自分が価値のない存在だということにはなりません。それは単に、自分が成長しなければならないことを意味します。一回り大きな自分になるためには、他者からのフィードバックが必要であることを認識します。

ここで私たちはもとの同じところに戻ってきました。私たちは他者からの愛情やケアを必要としています。しかし、その理由は全く違っています。その愛情とケアが必要なのは、自らの尊厳を発見するためではなく、私たちがお互いにどれだけ依存しているかを知るためです。このように考えると、傷つきやすさにこそ真実は宿ると理解するようになります。私たちの他者との関わり方はもしかしたら実は恥ずかしいようなものかもしれませんが、私たちのことを気にかけ、思いやりを持ってフィードバックを与えてくれる人は、私たちがその事実に向き合うのを助けてくれます。

さて、従業員との対立関係にあった会社のリーダーシップチームがどのように問題に対処したかに話を戻します。彼らの反応は、彼らの尊厳に対する理解（尊厳がどこからくるのか）について何を示しているでしょうか？　表面的に見れば、彼らは自分たちの価値を確信していました。そのため自立のステージにいたように見えます。しかし、彼らが従業員のフィードバックに抵抗し、批判だと捉えたことで従業員との衝突はよりエスカレートしました。リーダーシップチームは従業員のフィードバックを認めれば面目を失うと考えました。尊厳を脅かされ傷つくかもしれないということに耐えられなかったのです。このような理由で、役員たちは自立ではなく依存のステージ、つまり外部からの称賛や評価なしでは自分たちは尊厳を失ってしまうと恐れている状態にとどまってしまっていたようです。

しかし、彼らがもし相互依存のステージで自分たちの価値を認識できていれば、部下を通して受けるフィードバックの重要性を理解できたはずです。「私たちの方がわかっている」と考えるのではなく、むしろ「この問題に自分たちの行動も影響しているのではないか？従業員の主張は正しくて、自分たちには見えていないものがあるのではないか？」と自問できたでしょう。さらに、彼らはフィードバックに抵抗するのではなく、フィードバックを求めたでしょう。そしてこの問題に関しての異なる視点を受け入れても自分たちの尊厳が損なわれることはないとわかったでしょう。また、自分たちには見えていない部分に対して、経営陣として責任を果たすためにも、従業員からの視点が必要なのだということを理解したでしょう。もっと従業員の意見をとり入れた複合的な方法で問題を解決するチャンスとして、そのフィードバックを大切にすることができたと思います。

尊厳に対するより高度な理解を持つことと、効果的にリーダーシップを発揮できること。この二つの関係を考えると、この章で初めに取り上げた「危機」を説明することができると思います。このリーダーシップ危機の根底にあるのは、発展段階における硬直状態なのではないでしょうか？　世界で目にするリーダーシップの機能不全の背景には、尊厳を失うことの恐怖があるのではないでしょうか？

当然ながら、先に実例として紹介したような機能不全はどんな組織にもつきものです。健全な自尊意識を維持するためには、複雑な人間関係を理解する必要があります。しかしそのような知識は、学校では普段教えられていません。人間という存在の根幹にあるもの（尊厳ある存在として扱ってもらいたいという先天的な欲求）が教育システムにおいて十分に注目されていないのが実情です。ですから、多くのリーダーに、自分の行動が周りの人に与える精神的インパクトについての認識がなく、また、尊厳が宿る内面世界の壊れやすさについての認識もないことも不思議ではありません。

リーダーシップをより効果的に発揮するために、またリーダーとして自らを深く知ることで人生のオプションを広げ世界により貢献するために、私たちは自らについて何を知っておくべきなのでしょうか？

前にも述べましたが、私の過去10年間の研究でわかったショッキングな事実の一つは、多くの人が自分の尊厳に気づいていない、あるいは自分が尊厳ある存在だと受け入れていないということです。むしろ過度に意識されているのが、自分の不十分さや自己不信、人の期待に応えられているか、愛されるにふさわしい存在なのかという不安定な気持ちです。これこそが本当の危機です。自らの内に「力の源」を感じるどころか、多くの人は自信の喪失を感じ、自分の人生に変化をもたらす力を失っています。自分自身のために行動を起こす力と可能性について誤った考え方をしています。そのような尊厳についてのほんの少しの教育が、考え方にいかに影響を与えるかは真に注目すべきことです。

尊厳の持つ力は、私たちが意識し、責任を持ち、享受すべきものです。尊厳の認識を欠いた内面的生活は、ＧＰＳを持たずにこの世界の荒波の中を航海するようなものです。すべての人間と周りの世界にあるものの固有の価値と傷つきやすさの知識に基づいた内なる羅針盤が、私たちには必要なのです。

# 第5章　未来のリーダーのための尊厳教育

尊厳についての学びは、世界を照らす光へと向かう旅路のようでした。
――コロンビア大学の学生

わずか8歳の子どもたちが尊厳（ディグニティ）について学べるような発達レベルにあると私は思ってもみませんでした。このテーマを教え始める対象としては、このような概念を吸収するための知的素養レベルを持っているであろう中高生がいいのではと思っていました。しかし、テキサス州フォートワース市にあるトリニティ・バレー・スクールの小学3年生担当教員キャロル・グラメンティンは、私の推測が間違っていたことを証明してくれました。私をトリニティ・バレー・スクールに招待したのは、校長であるゲリー・クラーンでした。[1]私の本『Dignity』を読んだ共通の友人が、私をクラーンと引き合わせたのでした。クラーンは「ディグニティ・モデル（尊厳モデル）」に興味を持ち、学校内でこれをどのようにして取り入れることができるのか私と相談したいとのことでした。

クラーンの経歴を見れば、彼が素晴らしいリーダーであることがわかります。アメリカ陸軍の軍人として働いた29年の間には、アフガニスタンにも駐留し、そこで大学の創立に携わりました。ウエストポイント陸軍士官学校で数学を教え、数理学科の学科長を務めました。退官時には准将の位についていいました。これほど軍隊で成功を収めた人が、なぜ学校の校長先生になろうと思ったのでしょうか？　アフガニスタンでの経験を通して、彼は「心と思考の習慣は大学に入る前に形成される」ことに気づきました。トリニティ・バレー・スクールの校長職の話があったとき、彼は軍隊を退職し幼稚園から高３までの子どもたちの「心と思考を形成する」ことに着手しようと決意しました。

学内で「ディグニティ・モデル」をどのように紹介していくかについて、クラーンと数回に渡って話を重ねた結果、私が教員や職員、生徒とその保護者にモデルの基本的な考え方を紹介することになりました。低学年の教員を対象としたセッションを終えた後で、グラメンティンが私のところにきて、彼女が担当している３年生のためにディグニティ・カリキュラムを作りたいと申し出てくれました。私たちは、生徒たちがこの概念を理解できる発達レベルにあるのかについて話し合いました。１００パーセントの確証は持てないけれども、試してみたいと彼女は言いました。まずは、「尊厳の10の要素」を子どもにもわかる表現にしなくてはならないけれども、それは大した障害ではないだろうということでした。

クラーンや、サンディー・ミクナット（小学部校長）の指示を得ながら、グラメンティンはカリキュラムの開発に取り掛かりました。彼女は、尊厳を尊重することの重要性を教えるために使える子どもの本を探し、子ども向けに書かれたネルソン・マンデラの『自由への長い道』を見つけました。アイリーン・クーパーの『黄金律』も使いました。これらの本に出てくる例などを使いながら、数週間にわたって尊厳について話した後、グラメンティンは子どもたちにこれから楽しいことが始まると伝えました。子どもたちは、尊厳調査員になると言われてわくわくしました。

毎日グラメンティンは子どもたちのために質問を用意し、子どもたちは新しくもらった「ディグニティ日記」に答えを書き込みました。最初の日課は「自己紹介をする。自分の長所や短所について書く」ことから始まりました。彼女が特に伝えたいと思ったのは、自分の尊厳を尊重することや自分を誇らしく思うことが、生徒たちにとってとても大切だという点です。言葉だけでなく、絵で自分の気持ちを表現することも勧めました。

次の質問は、その日の自分の行動や態度が他の人をどんな気持ちにさせたのかを振り返ることでした。「あなたは人を喜ばせたり悲しませたりしましたか？　もしそうなら、何をしたからですか?」グラメンティンも含めてみんなが日記に答えを書きました。一日の終わりに、生徒たちは自分の思いを他の子どもたちと分かち合うように勧められました。グラメンティンも自分の書いたことを生徒に話しました。自分が誰かを悲しい気持ちにさせてしまったかもしれないことを認めて、自分がその人の尊厳を侵害してしまったことに対して謝らなければいけないとも書きました。このように先生が見本になることで、生徒たちも自分たちの経験を人前で話しやすくなりました。生徒たちは、先生が自分たちに完璧を求めてはいないことを知りました。それよりも、先生が求めているのは、自分たちの態度が周りにどのような影響（良いものも、悪いものも）を及ぼしているのかについて意識することでした。

グラメンティンのカリキュラムには、丁寧に考え抜かれた質問や課題が含まれていました。尊厳のすべての要素は子どもたちに理解できる言葉で表現されていました。例えば、「アイデンティティの受容」は「みんなが大事」に、「インクルージョン」は「仲間外れにしない」に、そして「善意に解釈する」は「人を信じる」。

尊厳の要素を学んだら、生徒はそれを教室の黒板に書き、毎朝復習しました。グラメンティンは生徒たちに、それらの要素が実際に使われている場面を見たかどうかを尋ねました。生徒たちは自分たちの見たこと（尊厳を尊重したときまたは侵害したときのこと）について説明をしました。一日を通して、何か尊厳に関わることが起こったら、そのクラスではそれを教えたり学んだりするチャンスとして使いました。

このトレーニングの最後には、生徒たちがお互いから学んだことを人に伝えることも含まれていました。グラメンティンが用意したセッションには、1年生の二クラスと小学部の校長と副校長、カウンセラー、学習専門家などが参加しました。生徒たちは二つのグループに分けられ、尊厳の要素の一つを説明するように指示されていました。まず、模造紙にその要素の絵を描き、その要素の意味を書き、自分たちが観察した実例（その要素が尊重された、または侵害された例）を紹介するように言われました。プレゼンテーションの内容については全く子どもたちに任せられていました。この企画は大成功でした。

グラメンティンが驚いたのは、尊厳の要素を子どもたちが実に深く理解し、自分のものにできていることでした。生徒たちが内容をよく把握していることは、特に質疑応答の時間の中で伝わってきました。彼女は質問に対する生徒たちの答えを聞いて、小学3年生は尊厳を理解し、それが自分たちの生活や人間関係にどのような影響を与えるかについて理解する力を持ち合わせているという揺るぎない確信を持ちました。中高生ほどの知的成熟度はないかもしれませんが、それはさほど重要ではありませんでした。なぜなら、生徒たちは尊厳を尊重されたり侵害されたりする感覚を知っていたからです。私もその後わかりましたが、人間はわずか5歳で、自分の尊厳に何かの影響が及ぼされているという感覚を知ることができるのです。

キャロル・グラメンティンは今も生徒たちに尊厳を教えることに使命を感じています。彼女の尊厳教育によって大きく変えられたある生徒について、彼女から最近手紙をもらいました。

「この男の子には行動面で深刻な問題があり、自己抑制がなかなかできず、同級生とうまく付き合うことも難しく、幼稚園のころから怒りや不安といった強い感情に悩まされてきました。この一年は私のクラスでかなりよくやってきましたが、葛藤することもしばしばでした。

しかし、尊厳の勉強をし始めたころから変化が見られました。両親は彼がまるで別人になったようだと言います。私は彼をクラスのスポークスマン兼尊厳調査員長に指名しました。彼はもともとものを書くのが嫌いな子だったのに、自分の尊厳に対する気持ちを日記二冊にびっしり書いてくれました。彼の変化を考えると涙が出るほどです。彼についてはいくらでも話したいことがあります。[2]」

彼女のもとにはこのような物語がいくつもあります。生徒たちのためにディグニティ・カリキュラムを作るという彼女のビジョンは実現されました。彼女の努力のおかげで、たくさんの小学3年生が大人になることを待たずして意味あるリーダーシップを発揮することでしょう。

ゲリー・クラーンはこの後、急な家庭の事情のためトリニティ・バレー・スクールを去り、カリフォルニア州サンディエゴ市に移り住みました。トリニティ・バレーの人たちは彼が去ることを悲しみましたが、彼はしばらくしてサンディエゴ市にあるラホヤ・カントリー・デイスクールで仕事を見つけました。[3]

クラーンは私を新しい職場に招き、トリニティ・バレーで行ったのと同じことをしてほしいと言いました。私たちは前回と同じようなアプローチで、ディグニティ・モデルを教職員や生徒や保護者たちに紹介しました。彼は学校内で尊厳の文化を創り出す志を強く持っていました。その学校には尊厳教育について学びたいという熱心で思慮深い教員や学校経営者がたくさんいたので、事は順調に運びました。関係者全員とコンセプトを共有するために学校を数回訪れるうちに尊厳の考え方をカリキュラムに統合していく準備が整いました。[4]

キャロル・グラメンティンがトリニティ・バレー・スクールの3年生との取り組みで出した成果に私は非常に驚きましたが、それよりも私を驚かせたのは、マーサ・ミクダルがラホヤの幼稚園の年中クラスに尊厳教育を取り入れたことでした。マーサがとったアプローチは**みんなが大事**ということを強調することです。具体的には、独り占めしないで人と分け合うこと、順番を守ること、相手の話を聞くこと、人の気持ちを考えること、そして遊ぶときは他の子たちを仲間にいれることを子どもたちに促します。尊厳を教える上で彼女が大事にしているもう一つのことは、先生が子どもを尊厳ある存在として扱う見本になることでした。彼女はこの方法が、子どもたちに自分や他者をどのように扱うべきかを学び取ってもらう最善の方法だと言います。先生は強力なロールモデルなのです。

小学2年生担任のベス・レビン、ジュリー・リンデル、アリサ・ロニスとモリー・サエンズは自分たちのクラスで毎日ディグニティ・レッスンを取り入れているそうです。ロールプレイや読み聞かせを通してモデリングが行われます。生徒たちは自分の態度を振り返って、自分の言葉や行動が他者にどんな影響を与えたかを考えるように促されます。2年生にとってカギとなるのは、尊厳ある態度の模範（モデル）が示されることだと教員たちは強く思っています。

小学3年生担任のリサ・ベネットは、尊厳と尊敬と優しさが彼女の担当するクラスルームのつながりを作り上げている根本要素だと言います。彼女の目標は、クラスルームがすべての子どもにとって安全な環境であることを保証し、子どもたちが自分を表現し、あるがままの自分でいられる場所にすることです。物語などの文学作品は、子どもたちが尊厳について考えたり、物語の登場人物に尊厳がどんな影響を与えるかについて考えたりするためのツールとして用いられます。尊厳の言語を学ぶことで、子どもたちは他の状況や他の場所で行われている不正義についても理解するようになります。リサの報告では、子どもたちは尊厳の重要性についての新たな理解を身に着けることによって、前よりも他者に共感できるようになり、他者の生まれ持つ価値を意識するようになりました。また、人間の可能性にふさわしい生き方をしたいと思うようになっています。

ラホヤ・カントリー・デイスクール中等部教頭のクリスティー・ジョンソンは、生徒たちに尊厳についての話をするためにアドバイザリーの時間が使われていると言います。アドバイザリーとは、中学生たちがアドバイザーと一緒に、多様性やインクルージョン、尊厳、健康やウェルネスなどについてグループで話し合う時間のことです。生徒は尊厳の要素について、自分なりの解釈を考えるように求められます。尊厳とは何かがわかったら、今度は自分の尊厳が尊重されたり侵害されたりした経験を話し合います。そしてまた、自分の尊厳の強いところと弱いところを見つけるように、またこれからの人間関係において自分が特に取り組むべき課題を示すように言われます。

中学2年の英語の教師ネイト・ヘップナーは、文学を読むことやものを書くことを通して、生徒に尊厳に関係する課題を学ばせています。文学の登場人物にはほぼ必ず「尊厳の浮き沈み」があり、私たち自身が自分や他者の尊厳を尊重しようとするときに経験することをよく表していると言います。

歴史学科長のジョナサン・シュルマンは、世界史の授業の課題の中で、尊厳の視点を通して生徒たちに歴史的に重要な出来事を振り返らせます。中学3年生になるとディグニティ・モデルの考え方を使って歴史研究プレゼンテーションを完成させます。ディグニティ・モデルは、生徒たちが自分の研究プロジェクトに、もっと深い哲学的な目的を見出せるような方向性を与えます。

高校の歴史科教員コートニー・ゴラブは、尊厳は彼女のクラスルーム文化の中心にあると言います。「生徒たちは学んだ内容よりも、先生や先生が創り出したクラスルームの雰囲気によってどのような気持ちになったかを記憶にとどめるでしょう」と言うのが、マヤ・アンジェロウ（アメリカの有名な活動家・詩人）の言葉を言い換えた彼女の言葉です。彼女はすべての生徒を愛し受け入れることを常に意識しています。卒業生からは「先生の教え方やクラス運営の仕方もよかったし、先生はいつも私たちを愛と尊厳を持って扱ってくれたので、先生のクラスが大好きでした」と言われました。生徒たちは尊厳を持って扱われると、安心して

「間違う」ことができます。なぜなら、自分もみんなも同じように、本来あるべき自分へと成長しようとしている弱くて傷つきやすい個人なのだと思えるからです。「それこそが教育現場で尊厳の視点を使う意味です」とゴラブは言います。

中高部教員のジェイン・ヒーリーは、尊厳の視点を欠いた形で歴史や文学を教えることは、歴史的出来事や物事を単なる名前や時代や場所の羅列にしてしまうと言います。「尊厳を用いた教育」は歴史や時事問題に人間味をもたせます。

ブレア・オーバーストリートは中高部で教えている教員で、新採用教員のコーディネーターをつとめています。一週間のオリエンテーションの間に、新教員たちはディグニティ・モデルを紹介され、それがどのようにラホヤ・カントリー・デイスクールの文化に統合されているかを学びました。新教員たちは、尊厳を学ぶセッションがオリエンテーションの中で一番印象深いプログラムだったと評価しました。

シンディ・ブラーヴォは中高部の美術学科教員であり、ダイバーシティ・アドボケート（多様性の代弁者）というグループのコーディネーターをしています。彼女は、尊厳とは私たちに精神的《スピリチュアル》なバランスを与え、心理的な安定を保ち、生きる上で重要な柔軟性を与える核であると言います。彼女は多様性コーディネーターとしての経験から、すべての人の中に尊厳を見出しそれを尊重することは、意識レベルの向上につながると言います。つまり、「様々な違い（民族性、セクシュアリティー、社会や経済的背景、能力性など）を持った私たちが集まることが、お互いの生活を豊かにしているのだ」という認識が高まるのです。

中高部の人文学科教員であり、インクルージョン・コーディネーターをしているロビン・スチュワートは、文学と哲学を教えています。彼女は、何世代も前の人々に示唆を与えてきた文学者や哲学者の作品を生徒たちに紹介することで、みんなに共通する人間性について認識して熟考し、尊厳について正面から取り組む機会としています。彼女の好きな格言は「恥は決して変化をもたらさない」です。

学校の学務担当副校長コリーン・オボイルは、学校は尊厳の要素を用いて生徒のための場を作ることによって、生徒たちを知的に、社会的に、精神的にエンパワーしていると言います。そこでは自分のことやコミュニティのことを話し合うときに知識、受容、理解、配慮が用いられます。また、入学業務担当副校長のイネズ・オドムは、教員や学校の経営陣、親などが尊厳ある行動のモデルとなることの重要性を強調します。

6年生のシャノン・ホワイトは次のようにまとめました。「私の意見では、尊厳とは、高貴さに一番近いと思います（たとえ生まれた身分が高くなくても）。尊厳は、私たちが倒れてしまいたいと思うときでも、私たちを雄々しく立たせてくれるものです。」

このようにラホヤ・カントリー・デイスクールでは幼少部から中高部までを通して、ディグニティ・モデルをカリキュラムや学校の文化に取り入れています。これは尊厳文化を創り出そうとするグリー・クラーンや素晴らしい教職員たちの決意と努力の表れでしょう。

ブルックリンのバークレー・キャロル・スクールで歴史と英語を教えるマイク・ウィルパーも優れた教育者です。彼は中学生たちの授業に、尊厳教育を導入しました。[5] どのように教育に尊厳を取り入れたかについて、マイクは次のように書いています。

> 私たちは歴史や英語（国語）のすべての単元に、人間の普遍的尊厳のコンセプトを織り込んでいます。まず最初に教師が約束するのが、生徒に恥をかかせない、生徒にいつも正直に接する、そして最後まで生徒を信じるということです。そして、人間の普遍的尊厳のコンセプトを紹介し、シンプルだけれどもきわめて深い概念、つまり、私たち皆が正当に扱われるに値することと、それに伴い私たちは相手を正当に扱う義務を負っていることを伝えます。
>
> 私たちはクラスとしての方向性や約束事を整えつつ、一方では尊厳の概念を知識として組み立てていきます。まず最初に、尊厳に欠かせない要素を学びます。また、私たちの誤った考えや偏見について批判的に考えるためのボキャブラリーも紹介します。誤った認識や偏見がもとで、他者に対する根拠のない推測や軽率な一般化に陥ることが多々あるからです。さらに、すべての個人の複雑さと無限の可能性について時間をかけて考えます。なぜある人は苦悩するのか（人の能力はもともと決まっていると考える固定型思考、成功者を敵視するようなサブカルチャー、つめこみ式の教育）、また、なぜある人は成長するのか（成長型思考、フ

レキシブルな戦略、時間をかけた慎重な実践）、その根底にある理由などについても話し合います。どんな人でも様々な困難に直面すること（尊厳を侵害する10の誘惑）や、その一方で誰にでもチャンスは巡ってくること、また時間をかけて意識的に探さないとそれは見えないことなどを考えます。個々人の複雑さを理解することで、私たちは共感の心や違った視点からものごとを見る力を養えます。ロールプレイもよく行います。その時に学んでいる歴史や文学の内容に沿った小さなロールプレイもあれば、複雑な対立関係の解決を探らなければならないような数日にわたるプロジェクトもあります。

生徒たちはあるときには、ローマ帝国の地方政治を取りまとめるローマの長官と地方住民を演じます。また別なときには、加速する復讐の連鎖や、実らない恋愛、オンラインショッピングなどを想定し、そのなかで生じるトラブルをうまく切り抜ける策を考えなければなりません。すべての人の尊厳を認識し、みんなが必要としている安全性、自主性、つながり、目的意識などを知ることで、生徒たちは自分たちが経験する対立関係に対してしばしば盲目的に反応していることを意識するようになり、また問題解決のためには根底にある問題や感情、誤解などを整理することが最も有効な手段であることを悟ります。

また、私たちは尊厳の概念を、難しい議論にどのように取り組んだらよいのかを生徒たちに教えるプラットフォームとして使います。どうしたら相手と意見を異にしても友好関係を保ち続けることができるのか？　相手によって自分が傷ついた場合、そのことを相手を悪者だと非難せずにどうやって伝えるか？　生徒たちにこのようなツールを提供することで、人との接し方が変わってきます。彼らは他者の尊厳をより認識するようになり、また自分の行動が他者に与える影響についても考えるようになります。また、生徒たちにはより広い範囲の文化についても評価してもらいます。コマーシャルやテレビ番組、またはその他のメディアを分析し、自分たちの消費するコンテンツがいかに自分に影響を与えるのか、自分が複雑で生まれつき価値ある存在であることの認識にどのような影響を与えるかを「測って」もらいます。

より広い世界に出て行くときには、生徒たちは尊厳意識を持ったリーダーになる準備ができていることになります。良いリーダーになるように若い人たちを導きたければ、次のことを強調するべきでしょう。人の話に耳を傾けること、人の尊厳のニーズとその複雑さを認識すること、そして人が問題を解決するのを助けること。ディグニティ・ワークは生徒たちのリーダーシップ理解を助けます。生徒たちはリーダーシップを個人のエゴの行使としてではなく、自分が他者や周りの世界の幸福に寄与するチャンスとして見るようになります。

ウィルパーの生徒が尊厳教育について次のように書いています。

「一年間ウィルパー先生と学んできて、私は尊厳というのは人に親切にすることだけではないと学びました。尊厳にはもっと多くの側面があります。思いやりやインクルージョン、そして何よりも大事なのは人をありのまま受け入れることです。尊厳の真の価値は、その人の肌の色の違いやその人がゲイかどうかなどに注目せずに、人を平等に扱うことです。尊厳について学ぶことは、私の生活の様々な面でとても役に立ちました。世界を見るための別な視点を与えられました。もし私と同年代の人たちがこの視点を持てるなら、私たちはより良い世代となるでしょう。若くても、私たちは世界の問題解決に貢献できると思います。」

別な生徒は次のように書いています。

「ウィルパー先生の授業は、私がなんとなくしかわかっていなかった現代社会の問題について教えてくれました。しかし、その中でも最もインパクトが大きかったのは、尊厳の学びでした。どのように尊厳が侵害されるのか、またそこから派生する様々な問題について学びました。尊厳について学ぶことは、私の世界に対する見方を変えたと言っても過言ではありません。友達とよく話していましたが、それまで学校で習ったこと全部を合わせても、この一年で学んだことには及ばないと思います。これはちょっと大げさですが、本当です。ウィルパー先生、ありがとう。[6]」

このようなトリニティ・バレー・スクールやラホヤ・カントリー・デイスクール、バークレー・キャロル・スクールなどの力強い実例のおかげで、私は確信するようになりました。私たち自身の尊厳、他者の尊厳、そして周りの世界の尊厳について教えることは、子どもたちのリーダーシップポテンシャルを高めることにつながります。若い人たちは尊厳教育によって触発され、人と接するときに相手を大事な存在として認識するようになるだけでなく、自分自身に対しても、自分が世界をより良くする可能性を秘めていることを知るようになります。

生徒たちが自分の尊厳との安定したつながり（つまり、自分の生まれ持つ価値を知ること）を持つことができるならば、自己不信や「自分はこれでいいんだろうか？」といった悩みから解放されます。自分はこれでいいんだと思えることで、生徒たちの考えも心も解き放たれます。そして意味や目的のある人生を歩む可能性に目を向け、世界をみんなにとって愛と寛容さに満ちた場所へと変えていく可能性をのびのびと探求するようになるのです。

# 第2部

# 尊厳を重視したリーダーシップの実践

すべての人は尊厳を持って生まれてくる。ただ、それにふさわしいふるまい方を生まれつき知っているわけではない

——著者

# 第6章　生涯を通じた学習と発達を奨励し模範を示す

物事がうまく行っていないときでも（特にそういうときこそ）、自分の力を最大に活かそうとして努力することは成長思考の証です。この思考態度（マインドセット）を持つことで、人は人生の最も過酷な試練の中にあっても輝くことができるのです。

――キャロル・S・ドゥエック

学習と成長に遅すぎるということはありません。これは、人の幸福を促進させたり、誰もがもっている成長力を認識するために最も重要なメッセージの一つではないでしょうか。組織のトップ、また組織の中でリーダーシップを発揮する人は、この考え方から多くを得るでしょう。

ケン・ロビンソンはその共著、『CREATIVE SCHOOLS――創造性が育つ世界最先端の教育』（岩木貴子訳、東洋館出版社、２０１９）の中で「人間は好奇心の強い学習生物である」と言っています。[1] しかし、学びへの貪欲な欲求をもっているにもかかわらず、子どもたちが教育過程でその深い好奇心を失うことが珍しくないと彼は指摘しています。彼は学習に対する意欲を保つために必要な教育改革について詳細に述べています。教育の重要な側面について、この本で詳しく紹介することはしませんが、彼が述べていることで生涯学習と尊厳（ディグニティ）に直接関係することを一つ紹介します。

人間として、私たちは誰もが二つの世界に住んでいます。まず一つの世界は、あなたがいてもいなくても存在する世界です。その世界はあなたが誕生する前から存在し、あなたがいなくなってからも存在します。この世界は物や出来事や他の人たち、つまりあなたの周りの世界です。もう一つの世界は、あなたが存在するからこそ存在する世界です。これはあなたの考え方や感じ方や捉え方の個人的な世界であり、あなたの内にある世界です。

この内面世界（私たちの尊厳が宿るところ）には影響力があり、豊かな反面、しばしば自己懲罰的でもあります。このことを理解せずそれに注意を向けなければ、私たちは外からはわからない大きな苦しみを味わうリスクを負ってしまいます。自分の中で行われる対話の内容は、しばしば自分や他者や外の世界に対する自分の気持ちを左右します。

この内なる対話が、他者との関係における自分を絶えず監視し、「私はこれでいいんだろうか？　十分賢いだろうか？　愛される存在だろうか？」と問いかけます。そしてこの対話が、自己意識や自己の可能性に対する考え方を決定します。

内面世界をよく知らない最大の危険性は、もし私たちがそれを監視し指揮を取らなければ、デフォルト状態は自己肯定にではなく自己不信の方に偏ることです。自らの内面には未開拓のポテンシャルがあることや、すべての関係は愛と尊厳から始まることを教えてもらわなければ、私たちの内面世界は乱気流と絶望に満ちたものとなるでしょう。「多数の人は静かな絶望の人生を送り、その歌を抱いたまま墓に行く」とソローは言っています。[2] これはポテンシャルを無駄にすることであり、学習への障壁であり、人生を最大限に生きることに対する障害です。

このような思考に捕らわれてしまうことは、個人的にも社会的にも有害です。もし若いころから自分の可能性に目覚め、自分には自己の実現にも世界の幸福にも貢献する力があると認識していれば、どれほど大きな変化をもたらせるかを考えてみてください。学習と成長の可能性は一生涯続くものです。そのことを学ぶためには、自己不信の方向にではなく自分に優しくなる方向に向かうような内面的な対話が必要です。

キャロル・S・ドゥエックはその独創的な本『マインドセット「やればできる!」の研究』（今西康子訳、草思社、2016）の中で、この考え方を発展させています。[3] 何年間もの研究の結果わかったのは、自らについてどのように考えるかがその人がどのように人生を送るかに大きく影響するということです。ドゥエックによれば、ほとんどの人の思考態度は「固定マインドセット」か「成長マインドセット」のどちらかに分類され、このマインドセットによって自分がどれぐらい賢いのか、どのくらい力量があるのか、変化できるのかどうかといったことについての考え方が方向付けられます。「固定マインドセット」の場合は、自分やその属性を決定済みなものと考えます。つまり、私は賢くない、創造的ではない、人に好かれるタイプでもないし、このことは私の力によってどうすることもできないと考えます。

対照的に「成長マインドセット」は、自分のポテンシャルを認識し、やる気になればいろんなことができると考えます。練習や努力をすれば、私たちは新しい性質や属性を身につけることができます。それぞれのマインドセットは私たちの内なる対話の中身であり、私たちがどのように人生を送るかや、学習に対するオープンな態度をどのように保つかに大きな影響を与えます。最も重要なのは、「成長マインドセット」は嫌なことがあってもへこたれない力を与えてくれるということです。「失敗」は、何かを別の方法でやる必要があるという知らせに過ぎません。自分自身が失敗だという意味ではないのです。

ドゥエックは、「固定マインドセット」は学習の障壁になるとも言います。もし自分が賢くないと思ってしまえば、その先の努力もせずに諦めてしまうでしょう。「成長マインドセット」は人に新しい学びのチャンスを探すように奨励します。内面的な障壁はありません。この二つのマインドセットの違いは次の問いに要約することができます。「私は賢いのか、それとも学習途上にあるのか？」

尊厳意識と「成長マインドセット」の間には、何らかのつながりがあるようです。自らが生まれ持っている価値を認識し、それとのつながりを知ることは、痛みに耐え、「成長マインドセット」がもたらす喜びを味わうために私たちをつなぎとめてくれる錨《いかり》となります。何があっても自分の価値が損なわれないと知ることで、リスクを負ったり自分を弱い立場に置いたりしたくないという気持ちが軽減されます。これは序章で紹介した「マンデラ意識」に到達するということです。この「マンデラ意識」は、私たちが障壁や妨げなどを経験したときの助けとなり、困難を跳ね返しレジリエンス（立ち直る力）を示すのを可能にしてくれます。自分に価値があるかどうか心配しなくてよければ、私たちは自己の拡大や成長に意識を向けられるようになります。

自分がどのような存在であるかをeither/or（是か非か）の枠組みで考える「固定マインドセット」は、自分の価値を疑ってしまう状況を作ります。ドゥエックが言うように、「固定マインドセット」を持つ人は、ものごとを他者との優劣の物差しで考えます。すぐに自分をネガティブに評価するだけではなく、他者のことも絶えず批判的に評価します。彼らは自分の絶対的な価値に対する強い意識を持ち合わせていないように見えます。「固定マインドセット」を持つ親は、子どもの価値を、学習に対する意欲よりも、その賢さによって評価すると彼女は言います。

これは大きな問題です。早い段階から、そのような親の子どもたちの内なる対話は制限されます。それは自分への評価や学びに対する意欲が制限されるということです。彼らの価値は条件付きです。子どもたちは、自分に肯定的になるためにはよい成績をとらなければいけないと考えるようになります。私が以前にも書いたように、このような環境が子どもたちの発達に危機を招くことは、容易に想像できます。人が自らのことをリーダーとして考える準備ができていないのも当たり前です。

リーダーシップを発揮したいのであれば、「成長マインドセット」の重要性を伝えるために何をすべきでしょうか？　「成長マインドセット」の成功の鍵は、たとえ居心地が悪くても学びに対する開かれた姿勢を保つことです。まず第一に、私たちは自らの尊厳とのつながりを行動で示す必要があります。「マンデラ意識」を持たなければなりません。自らの生まれ持つ尊厳にしっかりつながっていなければ、私たちは次のようなリスクを背負うことになります。

- 自分に問題が降りかかったりネガティブに評価されたりしたときに精神的安定を失う
- フィードバックを成長の機会と捉えずに批判として受け取る
- 偽りの尊厳を持つ――自分の価値が外的な承認、称賛や評価から来ると考える
- 自己を振り返るよりも、相手の行動に反応してしまう
- 自分の尊厳を侵害する10の誘惑に負けてしまう

マンデラ意識（包容力を持った自己概念としての「I」）がなければ、私たちの内面世界はサバ

イバル意識（「Me」）によって支配されます。「Me」が主導権を握り、自らの尊厳を外からの評価に求めようとします。好意的に見られたいという欲求が私たちを制限してしまいます。これは大きな苦痛ともなります。自分への肯定的評価を他者に依存していると、学びに対する開かれた姿勢を保つことが、外部からの承認を得られないというリスクにもなるからです。もし、新しいことを学んだせいで、今までの自分が変わらなければいけないと気づいてしまったらどうすればいいのでしょう？　そして、世界が私たちに何を求めているのかの理解もひっくり返されてしまうとしたら？

「Me」に支配されているとき、私たちは他者からのフィードバックに対して開かれていません。批判に聞こえてしまうからです。間違いは自らの無能さの証明だと考えてしまい、そこから学ぶことができません。新しい学びに開かれていることがもたらす継続的な不安定さに耐えることができません。自分は十分に賢いか、ふさわしいか、力量のある人として映っているかをいつも心配している状態では、新しい学びにオープンであることは、不安定な「Me」の気まぐれな自己価値意識をおびやかすものになるでしょう。

これらはすべて、尊厳を重視したリーダーシップを発揮しようとするときの大きなチャレンジです。自己理解を含め、組織の成長と成功のために何が必要なのかについての私たちの理解は旧態依然としているのが現状です。大きなチャレンジとは、この現状に挑戦することによる不確かさや不安定さ、反発などを受け止められるようになる必要があることを意味します。前にも書いたように、これはロナルド・A・ハイフェッツが「適応の仕事」と呼んでいるものです。それは、自分が熟知している世界の境界線を越えることであり、たとえ抵抗が生じても動じない覚悟をすることです。ロバート・キーガンが書いているように、学びと変化に対してオープンになることは、多くの場合痛みを伴います。よきリーダーに与えられている課題とは、この痛みに一緒に向き合うことが前に進む唯一の方法だと人々が納得できるようなやり方で、その痛みを乗り越えて行くことです。

人とのつながりや組織の持つ大きな目的とのつながりを（ここで三つのCがまた関係してきます）維持することができれば、学びに開かれている恩恵に関係者みんなが預かることができるのです。その恩恵は、自分たちが何者でありどんな可能性を秘めているのかについて、より開かれた新しい理解をもたらします。それによって、その開かれた意識がどのように組織の目的達成に貢献するのかも理解できるようになります。ドゥエックの言葉をこの章のはじめに引用しましたが、居心地が悪くても自分の力を最大限に伸ばそうと頑張るときこそが、成長のための絶好の機会です。スーザン・デイビットによると、この感情の軽快さこそが、生涯を通して成長し続ける道を開いてくれるのです[4]。

生涯を通して学びにオープンであろうとするリーダーに求められることは次のようなことです。

- **内なる対話の内容を意識する。**対話の内容はあなたの価値が固有のものであるという認識を反映していますか？　その対話の主導権は「Me」が握っていますか、「I」が握っていますか？
- **自分の能力についての評価に気をつける。**目標に達しなかったときや失敗した時など、自分自身に何と言いますか？　あなた自身の学習プロセスを乗っ取ろうとする衝動に注意しましょう。「私は失敗しても学び続けているだろうか」と自分に問いかけてみてください。
- **好奇心をもつ。**自分自身や周りの世界に対して理解を深めるチャンスを探しましょう。より多くのことを知るほど、自分が知らないことの多さも見えてくるでしょう。
- **失敗という言葉を自分の自己評価から抹消する。**「失敗」は、あなたの今までのやり方を変えなければいけないことを意味するに過ぎません。

関係者たちのための継続的な学習環境を作ることを目標の一つに掲げながら、企業や団体の経営をするのは可能なのでしょうか？　ロバート・キーガンとリサ・ラスコウ・レイヒーは、学者として、また組織コンサルタントとして、キャリアをかけてこの問いを研究してきました。彼らはその著書『なぜ弱さを見せあえる組織が強いのか――すべての人が自己変革に取り組む「発達指向型組織」をつくる』（中土井僚監修、池村千秋訳、英治出版、２０１７）で、それは可能であるとの結論を出しています。[5] その中で、すべての人の成長が優先される仕事環境作りにコミットしている三つの企業の例を紹介しています。これらの企業は、組織のポテンシャルを伸ばすことは人間のポテンシャルを伸ばすことだと発見しました。

この本でキーガンとレイヒーは、組織の人間は二つの仕事をしているという大変刺激的な考え方を提唱しています。まず一つ目は、あなたが雇われたときに依頼された仕事、二つ目は自分の弱さを覆い隠し、周りからどのように見られているかを意識し、人の目にできるだけよく映るために努力することです。この二つ目は、多くの場合第一の仕事よりも多くのエネルギーを消耗します。彼らによると、この二つ目の仕事は、隠すことです。人に自分の限界を知られたり、不十分な点を知られたりしないように本来の自分を隠します。このような弱さを知られることは考えるだけで恐怖なのです。

尊厳の視点から考えると、キーガンとレイヒーは「Me」に主導権を握られている人たちのことを言っているようです。このような人たちは自分が人の目にどう映るかを極端に気にし、自分の無知がさらけ出されることを恐れ、自分の価値を外部評価に依存し過ぎています。簡単に言えば、価値のない存在かのように映ることが怖いのです。

それでは、より安全な環境に置かれれば、人は「Me」に先導される「サバイバル意識」から「マンデラ意識」に移行し、自分が無条件に与えられている価値を感じられるようになり、「I」に主導権を持たせるようになるのでしょうか？　自分の限界を自由にさらけだせる学習環境の中でなら、人は自らの殻をやぶり自分や世界についての理解をさらに広げることができるのでしょうか？

キーガンとレイヒーが本の中で紹介している三つの組織は、まさにそれを実行しました。人に批判される心配なく、安心して飾らない自分でいられる環境を整えることで、個々人が継続的に成長できる道を開いたのです。このような組織は「着実に発展する組織」(deliberately developmental organizations) と呼ばれています。

果たして組織がそこで働く人たちの発展を促進させる務めまで負うべきなのかと疑問に思う人もいるでしょう。そのことで組織の成長ポテンシャルが削がれるのではないかと思うかもしれません。しかし研究結果はその逆のことを表しています。キーガンとレイヒーは、着実に発展する組織を形成することのメリットを次のようにまとめています。

・収益増、従業員保留率の向上、昇進の速さの向上、より率直なコミュニケーション、事業や戦力デザインにおけるエラーの発見の向上、より効果的な人事、経営結果責任の向上。
・コスト、政治的策略、部署間の争い、従業員の息抜き時間や散漫さの減少。
・取り扱いにくい問題の解決。例えばどうやって（自分の販売権しか考えていない）リーダーたちを価値のある、しかし目立とうとしないリーダーシップ・チームに作り変えるか、どうやって企業内で誰も経験したことがない危機を予測し耐えるか、どうやって未来の可能性を発明し実現するかなど。

着実に発展する組織を創り出すカギは、各個人の内なる対話力と、それが世界や個の問題を理解するうえでどのようにより複雑に変化し発展できるのかを認識することです。端的に言うと、この内面的対話が「改善しつつ管理できる」ものであると理解することです。賢明なリーダーは、自らの内面世界の内容を明かすことが私たちの成長プロセスにとって重要であることを知っています。自分の限界や弱さ（だと思っているもの）を見せることでマイナスな評価を受けるのではないかと恐れるのではなく、私たちは弱さを見せることに慣れなくてはなりません。

このような開かれた状況と、そこから来るたくさんの機会を可能にするには、まず組織のリーダーシップ・チームが自らの態度や行動を通して、傷つきやすさを持っていても安全ですよと、伝えなければなりません。彼らが場の空気を作る必要があります。その行動を通して、自らの面目を失ったり、恥をかいたりするかもしれない可能性に抵抗を覚える気持ちを抑えて、開かれた態度を模範として示す必要があります。他者の目に悪く映ることから私たちを守ろうとする自己保存本能に勝つことは困難です。なぜなら弱く見られたくないからです。しかし尊厳意識を通して、私たちは「傷つきやすさ」が弱点とは全く違うものであると学びます。私たちの傷つきやすさとは、真実が宿る場所です。真実を隠蔽する誘惑に耐えながら真実を受け入れることは、真実を隠すことよりもはるかに力を要するのです。

# 第７章　場の空気を作る
## ――傷つきやすい自分を安心して出せるように

傷つきやすい弱さは意味ある人間的経験の核であり、心であり、中心である。
――ブレネー・ブラウン

さらなる学びと発展に対して人がオープンな姿勢でいられる環境を作るためには、リーダー的立場にいる人がこのようなオープンさの模範を示し奨励すべきです。尊厳（ディグニティ）の侵害に対して人間はみんな傷つきやすいこと、そして尊厳侵害が学びや生産性に大きな障壁となることをしっかりと意識することが、このアプローチの基礎となります。尊厳を傷つけられたことに反応したりそこから回復するために、私たちの内面世界の大切な時間や空間が奪われます。尊厳の傷が私たちの成長を妨げます。

このような意識に立って、リーダー的立場にいる人は、尊厳の擁護者であることがどれほど名誉なことなのかに気づく必要があります。尊厳の擁護者であることは、特権なのです。

その特権は、人が成長しベストな自己になるための探求において、人類に重要な貢献ができる人に与えられます。相互的な成長や幸福を促進させるような方法で、お互いとつながる能力を伸ばすための手助けは、容易なことではありませんが、必要不可欠なことです。私たちは、お互いに疎外しあい孤立していては進化できないからです。人間発達の関係性理論の提唱者であるジーン・ベーカー・ミラーは、「成長を志向する関係」は人間が必要とするものの中心であると言っています。人間が成長するのは、人との関係においてです。[1] 健康的な人間関係の重要性を認める環境作り、つまり共に生きるための目標や願いが三つのCによって方向づけられる環境作りは、リーダー的立場にいる人たちから始まります。

組織の空気はリーダーが作ります。リーダーは、その時々に人の気持ちを左右する力をもっています。彼らが意識しようとしまいと、従業員はリーダーの動きの一部始終を細かく見て、それを手掛かりに、職場の人間関係で何が許容され何が許容されないかについて判断しています。しかし、リーダーたちにインタビューしてわかったのは、**彼らは自らの行動や態度が職場環境の基準に影響していることを全く認識していない**ということです。

例えばあるマネージャーは、彼女が職場に入るときに誰にも「おはよう」と声をかけないことに対して部下たちが傷ついていたことを、彼らの報告によって初めて知り驚いていました。毎日彼女は、下を向いたまま彼らの前を通りすぎ、アイコンタクトを避けていました。彼女が通り過ぎて行くのを見た職員は、自分たちは挨拶する価値もないと思われていると感じました。**言葉を発していなくても、私たちはコミュニケーションをしています。**そのマネージャーが発していたメッセージとは、人は大事ではない、ただ仕事をちゃんとこなしなさいということでした。職場は無言の怒りで満ちていました。

このマネージャーは、共に働いている人たちにこのような影響を及ぼしていることをわかっていませんでした。彼らの存在が大事ではないというメッセージを発しているなど思いもよりませんでした。彼女は、自分がいつも職場の責任に押しつぶされそうだったと説明してくれました。彼女の頭にはいつも自分の仕事のことがあって、その仕事量をこなすための時間が足りないという気持ちを抱えていたようです。彼女は部下たちに、彼らのことを気にかけていないと思わせようとしていたのでしょうか？　もちろんそうではありません。それでも部下たちは、彼女が自分たちに目を向けていないと感じていたのです。

このマネージャーの例は、私たちが他の人に与える影響について、もっと注意を払う必要があることを表しています。**尊厳意識がなければ、たとえ良い人が良かれと思っていても、人を傷つけることがあります。**

前にも述べたように、私がインタビューを行った指導的立場にある人たちはみな良い人たちです。ただ彼らは尊厳について知識が乏しく、みんなが求めているのはちょっとした微笑みや挨拶のような人とのつながりなのだということをわかっていなかっただけです。実際、微笑みは簡単な挨拶よりも多くのことを伝えてくれます。これは安心や安全を伝える最古の方法です。[2] そのルーツは人類が進化の過程で受け継いできた性質にさかのぼります。知らない人に微笑んで、その人が笑顔で返してくれるかどうか試してみてください。私たちは微笑みに対して好意的に反応するようになっているのです。

私は様々な職場環境にある従業員と何百ものインタビューを重ね、彼らがどのようにして自らの尊厳を尊重されたか、または侵害されたかについて話を聞いてきました。あらゆる現場で、最も侵害されてきた尊厳の要素は「安全」です。**人は、自分たちの扱われ方に対して違和感を覚えている状況では、安心して上司に意見を述べることができません。**自分が傷ついたと感じていることを上司に伝えることが、弱い自分を見せることになり、そのせいで評価を下げられたり、または職を失ったりするのではないかと恐れていました。傷つきやすい自分をあらわにすることは「仕事の上で自殺行為」になると彼らは言っていました。

ハーバード・ビジネス・スクールのエイミー・エドモンソン教授の研究は、職場で「精神的に安全な環境」を作ることの重要性を裏付けています。[3] 彼女の研究結果によると、人が安心して他者と共に働くことができれば、その人の学びや仕事内容のキャパシティーは顕著に向上します。安全は、従業員の仕事への意欲や仕事内容の質を保証するものでもあります。[4]

人が安心して自分の傷つきやすさを表現できるために、リーダーは何ができるのでしょうか？　私が様々な組織と関わる中で最も難しいのがこの課題です。どのように尊厳を尊重するか、どのように自分の尊厳を侵害してしまう誘惑を意識するか、または尊厳を重視したリーダーシップの様々な側面をどのように実行するかをリーダーが理解するための手助けは、比較的簡単です。ほとんどのリーダーはこの助言を快く受け入れ、学びに対して積極的な姿勢を示します。しかし、人々の（そして組織の）幸福のためには、従業員たちが扱われ方に関して不満があるときに安心して発言できることが重要だと説明すると、たいていのリーダーはパニックに陥ります。何？　部下が私に尊厳を侵害された時のことを話せるように、フィードバックセッションをしろだって？　それはできない。

フィードバックを受けることに対して、私たちは強い抵抗感を持っています。『フィードバックをありがとう――フィードバックを上手に受けるための科学と技術　Thanks for the Feedback: The Science and Art of Receiving Feedback Well』の中で著者であるダグラス・ストーンとシーラ・ヒーンは、抵抗感の背後にある脳科学を説明します。[5]彼らの説明によれば、脳は危険な可能性を察知すると自動的に反応します。脳の最古の部分、アミグダラ（扁桃体。感情の所在するところ）が刺激され、危害が加えられる可能性を避けるために、戦うか逃げるかという指示が出ます。心理学者ジョナサン・ハイトを引用すると、「脅威はあなたのパニックボタンに近道で通じるようになって」います。これが、否定的なフィードバックに対する私たちの反応があまりにもパターン化している理由です。

脅威を感じる状況に対するとっさの反応は、尊厳の10の誘惑（この場合はフィードバックを拒否する）を克服することがいかに難しいかを説明しています。フィードバックが従業員との人間関係に役立つとたとえ頭でわかっていても、自己を守ろうとする闘争はすさまじいものです。しかし、この抵抗には一つのヒントが隠されています。**フィードバックに抵抗すればするほど、尊厳に対してその人が持っている認識が明らかになります。**彼らはマイナスなフィードバックを受けることで、自分たちのもっている自尊心が脅かされるのを恐れているのか？　自らの尊厳を保つために、外部の称賛や承認に依存しているのか？　依存ステージで立ち止まっているのか？　自らの尊厳が自らの手の中にあることを知りつつ（自立ステージ）、ただフィードバックを受けることを不安に思っているだけなのか？　または、理想的に、「マンデラ意識」を持っているのか？　彼らは相互依存のステージにあり、人間関係の問題の原因となる自分の盲点を知るために、他者からの助言が必要であることを理解しているのか？　自分が見えていない部分を見るための助けがなければ、自分の尊厳ばかりではなく周りの人の尊厳をも侵害してしまうリスクを背負ってしまうことを理解しているのか？　尊厳を重視したリーダーシップを発揮するためには、リーダーたちがこのような相互依存のステージが示す尊厳認識に到達することが必要なのだろうか？

感情面で言えば、フィードバックはリスクを伴います。「マンデラ意識」による内面的錨《いかり》がなければ、フィードバック（特に私たちの価値を脅かすように見えるフィードバック）は、強烈な恐怖反応を引き起こします。もし私たちが外部からの称賛と承認によって自らの安定を得ているのであれば、フィードバックを受けた時に、私たちの自己防衛本能が主導権を握るでしょう。自分の生存がかかっていると感じてしまうからです（もちろんそんなことはないのですが）。しかしもし、自分の尊厳が自らの手の中にあることを知り、その価値が脅かされることはないと知っていれば、自分がいかに自らの尊厳を危険にさらしたり、その過程で他者を傷つけたりしているのかについて、他者の意見を受け入れることができます。

フィードバックにオープンな姿勢を保ち模範を示すことが、リーダーにとってなぜ重要なのでしょうか？　ストーンとヒーンによると、フィードバックにオープンな人（「フィードバックを求めるふるまい」に取り組む人）は、仕事に対する満足度が高く、より創造的に仕事に取り組むことができ、新しい組織や役割に早く適応し、離職率も低いそうです。特に、ネガティブなフィードバックを求める行為は、より高い生産性につながると言います。彼らは「組織の学習文化に最も影響を与えるのは、経営陣がフィードバックを受け取める能力である」とも言っています。

リーダー的立場にいる人たちに私が説明するのは、従業員が傷ついたと感じ、自分を傷つけた人の前で安心できなくなると、今までの信頼関係は失われ、彼らはその関係から身を引いてしまうことです。三つのCの二つ目（他者の尊厳とのつながり）が断絶されてしまうのです。これは自己防衛です。再び傷つく状況に誰も自分を置きたくはありません。

当たり前のようですが指摘しなければならないのは、たとえその人たちがまだ一緒に働かなくてはならない場合でも、この断絶は起こるということです。自由な空気の中で安心してありのままの自分として人とつながることができなくなり、むしろ敵意が増し、いつまた攻撃されるか絶えず警戒してしまうのです。関係は続きますが、安心感や心からのつながりは維持されなくなります。

つながりを回復させるためには、尊厳を傷つけた方の人が行動しなければなりません。まず第一に認識すべきことは、加害者が相手を傷つけることを**意図していた**かどうかは問題の本質ではないということです。メラニー・タネンバウムは「Scientific American Blog Network」で、加害者の**意図**よりもその行動による影響の方が重要であることを指摘しています[6]。「誰かが何かによって傷つきましたか？　ネガティブな結果でしたか？　誰かが苦しみましたか？　もしそうであればそのことが重要です。加害者が害を与えようとしたかどうかは重要ではありません」。ただそれを踏まえた上で、意図しない行動も人を傷つけるとは言え、人は危害が意図的だと感じられる場合には、そうでない場合よりもさらに厳しく加害者を批判するとも指摘しています。

リーダー的立場に立つ人にとって、意図と影響の区別を理解することは絶対的に重要です。さらに、フィードバックを受けることに対して誰もが持っている本質的抵抗感を理解し、また、まず自分から解決に向けた姿勢を示すことも重要です。この場合、尊厳を重視したリーダーシップとは、フィードバックを求め、模範を示すことで、場の空気を作ることです。

以下は、安心してフィードバックを与えたり受けたりするためにできることです。

・従業員からのフィードバックを大事に思っていることや、今後も彼らとの関係の中でフィードバックを継続的に求めることを明確にする。
・フィードバックの目的は、組織内のすべての人のための学習環境を整えることだと説明する。
・フィードバックをしたり受けたりすることに対して誰でも本能的な抵抗感を持っているので、最初は難しいだろうと伝える。
・この抵抗感を乗り越えるために、フィードバックをしたり受けたりする方法をまず学ぶ必要があることを説明する。
・フィードバックをしたり受けたりすることに慣れるには、個人的な差があることを説明する。
・誰もフィードバックをすることで不利な立場になることはないとはっきり伝える。

フィードバックをしたり受けたりする環境をリーダーが整え、これはみんなが仕事で成長できる機会を作るための組織としての取り組みだと説明したら、次のステップは、すべての人がフィードバックをしたり受けたりできるように教育することです。

以前に紹介したマネージャーの例で、この次のステップを考えてみましょう。彼女は朝の出社時に従業員に挨拶しなかったことで、無意識の内に彼らの尊厳を侵害し、最も重要なのは「仕事をこなすこと」であるという誤ったメッセージを発していました。

マネージャーとのフィードバックセッションに備えて、私はまず彼女が出社時に無視していた従業員と話し合いました。彼らには、マネージャーに伝わる形でフィードバックをするためのスキルを学んでもらう必要がありました。最初のレッスンは、**フィードバックするときには、フィードバックを受ける人がそれを自分について学ぶ機会だと感じられるような形で伝えることです。**フィードバックが武器のように用いられ、あなたを侵害した相手に仕返しをするためのものになれば、フィードバックの受け手は防御的になり、あなたが伝えようとしていることに心を開けないでしょう。

このグループとの話し合いで、私たちは彼らの感じていた侵害について話し合いました。つまり、マネージャーは出社時に彼らに挨拶したことがなく、彼らに目を向けず、そのことによって、彼らはマネージャーが自分たちのことを重要な存在とは考えていないと受け止めたことです。話し合いは彼らの感じていた敵意を和らげ、反射的な「Me」にではなく「I」に主導権を取らせることにつながりました。尊厳の侵害で痛みを感じている間は、それについて話し合うことは困難です。

私は次のような表現を使うことを勧めました。「私たちがフィードバックするのは、あなたとの関係が私たちにとって大事だからです。みんなが良い仕事環境を望んでいますし、あなたもそうであると私たちは信じます。また、私たちが伝える内容は、マネージャーとしてのあなたのほんの一部分です。仕事内容やあなたのリーダーシップのことで満足していることはたくさんあります（いくつかの例をリストアップする）」。この後で、従業員たちは、マネージャーが出勤した際に挨拶もせず目も合わせない状況を、彼らがどのように受け止めていたかについて彼女に伝えました。

マネージャーの仕事は注意深く聴くことであり、問題に目を向けることです。「私が皆さんへの挨拶を怠ったことについて話してもらい、皆さんが不快な思いをしていたとわかりましたし、また誤ったメッセージを発していたことも理解できました」。最後には心からの謝罪も必要です。「この組織にとって皆さんがどれほど大事なのかについて伝えられていなかったことをお詫びします。私は皆さんなくしてこの仕事はできません。正直に話してくれてありがとう。私が自分で気づいていないことを指摘して私を助けてくれてありがとう」。

一般的に、人はフィードバックセッションを恐れる傾向がありますが、私の経験では、もし正しく行えば（私がここで述べたように）関係は修復されるばかりではなく、強化されます。フィードバックには人を動かす力があります。自分の無意識のふるまいについてのフィードバックを受けるときは、特にそうです。受け手が防御的にならず、傷つける意図はなかったと主張したり言い訳をしたりしないで、学ぶことにオープンな姿勢であれば、フィードバックをする側に癒しの効果をもたらします。相手を傷つけた行為に対して人が心から謝るときに、信頼は回復されると私は感じています。自己防衛に走らず自ら責任を取る姿勢を示すことが、どれだけ勇気を必要とするかを私たちは知っています。このような強さに私たちは感動します。そのため、頻繁に傷つけられてきた人たちも、謝罪に対して「大丈夫です」と答えたくなります。しかしその時には、むしろみんながこの時のために努力してきたことを認めるためにも、フィードバックを与えた人たちは「謝ってくれてありがとう。私たちにとって大変意味のあることです」と言うべきです。

耳が痛いものも含めてフィードバックを受け止め、それを活かす姿勢を示すことは、抵抗せずにただ耳を傾けること以上にポジティブなメッセージを発信します。あなたがフィードバックを受け止める強さを持っていることが伝わり、彼らの意見によってあなたの自尊心が損なわれないこともわかります。彼らの意見があなたにとって大事であることや、あなたにはない視点が彼らにあること、あなたの成長と発展が彼らの正直さと勇気にかかっていることをあなたが自覚していることも伝わります。また、あなたにとって一番大切なのは、人からの正直な評価であり、嘘やその場しのぎで守らなければならないような偽りの自分の姿ではないということもわかってもらえるでしょう。

最も本質的で善良な自分を引き出すためには、自分が弱さを持っていることを進んで受け入れることが必要です。この章の初めのブラウンの言葉の引用にあるように、「弱さを持っていることは意味ある人間的経験の核であり、心であり、中心である」のです。[7] どうして私たちはこんなにも長い間このことを受け入れてこなかったのでしょうか。

# 第8章　信頼を育む

信頼は、組織運営を可能とするための潤滑油である。

――ウォレン・ベニス

組織の中で安心して弱い部分のある自分を表現できるようになるもう一つの利点は、それが信頼を生み出すことです。信頼は、健康な人間関係には欠かせない要素です。職場で一緒に働く人との信頼関係が強ければ、組織に対する忠誠心も、組織に貢献する意欲も高まるという研究成果がでています。[1] また相互の信頼関係は、組織が機能するためには欠かせないものであり、お互いの目的を達成するために大きな影響を与えるという別の研究成果もあります。信頼は、従業員の意欲を向上させ、組織の評判や業績を高めるのです。[2]

『ハーバード・ビジネス・レビュー』誌の記事で、スティーブン・コヴィーとダグラス・コナンは、「信頼とは、社会的美徳というソフトではない。信頼は、すべての組織にとって経済的動力というハードなのだ」と主張しています。[3] 彼らの説明によると、調査会社 Great Place to Work の「働きがいのある会社ベスト１００」の報告では「マネージャーと従業員の信頼関係は、最も働きがいのある職場を特徴づける一番の要因」だそうです。また、「これらの会社はＳ＆Ｐ指標の年間平均収益を三倍も上回っている」と指摘します。

優れたリーダーシップを発揮するためには信頼が重要であるという研究者たちの結論は、驚くことではありません。本当の人間関係には信頼が重要であることを、私たちは直感的にわかっています。しかし一方で、信頼がいかにもろく、簡単に壊されてしまうかも知っています。では、信頼関係の構築や破壊において、尊厳（ディグニティ）はどのような役割を果たすのでしょう？　この両方において尊厳が果たす決定的な役割を説明するために、一つの実例を紹介します。

私はある企業に招かれ、経営陣と従業員の間で生じていた問題に取り組むように求められました。その会社の経営が暗礁に乗り上げ、破綻寸前になったのは、５年前のことです。会社が危ない状況にあることはみんな知っており、従業員は会社の存続や失業の不安を抱えていました。多くの従業員は、何十年もその会社のために働いてきたので会社への忠誠心を感じていました。最悪の事態を回避し破綻を免れるために、経営陣は従業員に給料の減額を受け入れるようにお願いしました。「団結して共に打ち勝ちましょう」と全員に呼びかけました。従業員がこの呼びかけに賛同したおかげで、会社は５年間苦労をしながら最悪のシナリオを避けることができました。

意外にも会社は再び上向きな成長を取り戻し、「団結して共に打ち勝ちましょう」という作戦が功を奏したことは明らかでした。しかし、ここで問題が発生したのです。従業員たちは、会社の経営が安定すれば自分たちの給料は元に戻ると思っていました。しかしこれは実現しませんでした。しかも、経営陣は自らにはボーナスを出し、これは自分たちの契約に即していると正当化しました。経営陣の視点からは何の落ち度もないと主張したのです。

従業員からはすぐに苦情があがりました。彼らは裏切られたと感じました。「団結して共に打ち勝ちましょう」の精神はどこへ行ってしまったのでしょうか？　従業員は経営のリーダーたちを信じ、もし会社が再び軌道に乗りさえすれば彼らが正しい行動をすることを信じていました。危機的状況にあったときに従業員が経営陣に対して持っていた信頼感は失われました。従業員は様々な形で自分たちが利用され侵害されたと感じたので、経営陣との関係は完全に破綻してしまいました。

信頼が裏切られたことに加え、従業員たちは自分たちの尊厳も様々な形で侵害されたと感じていました。例えば、**不平等**な扱いを受けることで不当に扱われたと感じていました。自分たちが目に見えない存在であるかのように感じ、まるで自分たちが無意味な存在であるかのように扱われたと感じていました。会社の生き残りのために彼らが貢献してきたことが**評価されず認められ**ませんでした。もはや**安心**して経営陣と関わることができませんでした。

あるグループからは「経営陣からいったい何をされるかわかりません」という意見がでました。彼らは会社が経験した予想外の幸運から**排除**されたと感じていました。しかし従業員を最も怒らせたのは、経営陣がボーナスの件に触れるのを拒み、自分たちのとった行動に対して**説明責任**を取ろうとしなかったことです。ある従業員は次のように現状をまとめました。「経営陣は自分たちの契約をかざして、ボーナスを取ることは合法だと言い続けていますが、合法だからと言って正しいとは限りません」。

　経営陣の一つの判断によって、ほとんどすべての尊厳の要素が軽んじられたことがわかります。経営陣が対話に応じず沈黙を貫いたことが、事態をより悪化させました。信頼が回復される可能性はあったのでしょうか？　あいにく、経営陣は自らの決断に対して責任を取ろうとしなかったので、関係の修復をもたらすのは不可能でした。会社は従業員との断絶から立ち直ることはありませんでした。

　スペインのヴァレンシア大学でビジネスの教授として教えているマヌエル・ギリエンとトマス・ゴンザレスによれば、人はリーダーやマネージャーに道徳的な行動を求めます。[4] フォロワー（リーダーに従う人々）との健全な関係を維持するために、リーダーは仕事がこなせる能力だけではなく、他者にとって正しいことを行う姿勢を示すことが重要です。リーダーシップには、人を大事に扱う倫理的側面（尊厳の尊重）があると言われます。この倫理的側面は、リーダーとフォロワーの間の関係が強く、信頼が最も高いときに実現すると言います。逆に、リーダーが正しいことを行う道から外れたときには、信頼は急速に失われます。

人は信頼関係の崩壊に対して素早く反射的に反応します。これは私たちの進化の遺産であり、優性遺伝子のように引き継がれてきました。裏切られたと思えば、私たちはすぐに仲間の輪から人を排除します。今までつながりを感じ共感を覚えていた人に裏切られた場合は特にそうです。[5] ある神経科学者によると、共感と嫌悪は脳の同じ部分で仲介されているそうです。[6] 強い共感に基づく関係にひびが入ったときに、強い嫌悪の反応が生じるのも、納得がいく話です。先ほど紹介した話のように、信頼や共感はたった一つの尊厳侵害で失われてしまいます。その一つの侵害行為のせいで、従業員は経営陣に嫌悪を感じる状態に陥ったのです。

クレアモント大学院で経済学や心理学、マネジメントを教えるポール・ザック教授は、信頼について研究を重ね、生産的な職場環境を作るために信頼が果たす役割について、沢山の本を出しています。[7] 彼は『ハーバード・ビジネス・レビュー』誌の中で、信頼はビジネスにとって有益なことであると書いています。[8] 組織の中で信頼の文化を生み出すことは、生産性、協力関係、個々人の自由なエネルギー、職員の定着率を向上させます。実際、人は自分が高い生産性を推奨する環境に置かれたときに、より幸福で支えられているように感じると報告されています。

ザックの研究成果によると、誰かを信頼するときには、人間の脳にオキシトシンというホルモンが分泌されます。この化学物質は、対象に近づいても安全であるという信号を出します。彼の研究は、人が相手を信頼すればするほど脳内にオキシトシンが分泌されることを実証しています。別の実験では、オキシトシンを鼻腔スプレーで与えたところ、鼻腔スプレーを受けた人は、受けていない人と比べて二倍の割合で他人を信頼する行動をとったという結果が出ました。また彼は、ストレスも他者を信頼する妨げになることを実証しています。そして最後に、オキシトシンは共感を向上させることも報告しています。

様々な会社で実験を続けた結果、ザックは次のような「信頼を育む８つのマネジメント行動」を提唱しています。

- **優秀さを認める**：従業員が目的を達成したときには、公な形で承認する。
- **挑戦ストレスを生じさせる**：努力が必要で、ある程度のストレスはかかるが実現可能な仕事を手掛けるようチームに促す。そうすると、チームメンバーの脳はオキシトシンを分泌し、メンバー間のつながりが強められる。
- **仕事のやり方を個人の裁量に任せる**：仕事を自分のやり方で行うことに対して信頼されると、人は好意的に反応する。自主性はイノベーションを促進させる。
- **決定権を与える**：できる範囲で、人が最も情熱を感じている仕事を選べるようにする。
- **広く情報を共有する**：会社が向かっている方向性を知ることによって、従業員のストレスは軽減される。逆に、はっきりとした会社の目標や方向性が見えないことで、従業員はストレスを抱える。このことによってオキシトシンの分泌はさがり、チームの結束も弱くなる。

- **人間関係を構築する努力をする**：職場で良い人間関係を築くことが奨励されれば、仕事の生産性も上がる。
- **全人格的成長を促す**：個人的にも、職業的にも、従業員の継続的な成長と発展を応援する職場は信頼の文化を促進させる。
- **自らの弱さを見せる**：リーダーが自らの限界に気づいて従業員に助けを求めると、オキシトシンが刺激され、従業員の信頼は強められ、協力する意欲も増進する。重要なことだが、助けを求める行為は弱さの表れとしてではなく、継続的な学びと成長にコミットしている証拠として受け止められる。

尊厳の視点からザックの研究成果を見てみると、重要な共通点が見られます。リーダーが尊厳を尊重するための行為は、同時に職場の人間関係において信頼を生み出します。その一部として上げられるのが、オキシトシンを生み出す効果です。取り組みとしては、良い仕事に対して従業員の努力を認めること、どのように目標を達成するかに関して彼らに自主性と自己決定権を与えること、感情的な弱さを出しても安心だと思える空気を作ること、継続的な成長と発展を促進させる環境を整えること、従業員は熱意を持てる仕事を通して会社に貢献できるのだと信頼すること、人間関係の構築を会社の目標の一つとすること。結局、尊厳はお互いが高められる強い関係の中に存在し繁栄するのです。

組織内での信頼関係の構築が、ビジネスにとって有益に働くことは明確です。ザックの研究結果によると、強い信頼関係がある企業で働く人は、より集中して働き、意欲が高く、忠誠心を示し、離職率が低く、そして他者に自分の会社を勧める傾向がありました。また、仕事を楽しみ、自分の持つ目的意識とのつながりを感じ、同僚との良好な人間関係を経験したとも報告しています。簡単に言うと、信頼関係の強い企業は、お互いをよりよく扱う機会を従業員に提供するのです。このような文化は、尊厳及び共感を促進すると言えるでしょう。

信頼と弱さは、尊厳意識の特性であり現れでもあります。現実には、その二つは絡み合い相互に依存しています。しかし、信頼と弱さには、それぞれに対する注意深い洞察が必要です。その二つは相互的にも、また私たちの幸福に対してもきわめて大きな影響力を持っているからです。

# 第9章　共感を活性化させる

自己中心主義は、思いやりや共感を殺してしまいます。自分に意識が集中することで私たちの世界は狭くなり、自分の抱える問題や関心事が大きく見えてきます。しかし、他者に意識が向かえば私たちの世界は広がります。自分の抱える問題は意識の周縁に退いて小さくなり、人とつながるキャパシティーが向上し、思いやりのある行動が増えます。

――ダニエル・ゴールマン

共感の概念と、それが私たちの生活や人間関係に果たす役割には多くの関心が集まっています。ダニエル・ゴールマンは『ＳＱ生きかたの知能指数 ほんとうの「頭の良さ」とは何か』（土屋京子訳、日本経済新聞出版社、２００７）の中で、人間が最も満足を感じる経験の一つは「自分の存在を誰かが感じてくれているという実感」だと説明します。これを相互共感と呼びます。[1]

ゴールマンは、人間が共通して持つ経験、つまり人は人とつながるようにできているということについて述べています。これはこの本の中でもすでに触れたことです。彼の研究によると、人は相手とつながるために相手の意向を熱心にくみ取り、共感するようにできています。彼は共感を次のように三つに分けて定義します。**知る**：人が何を感じているのかを知的に理解する、**感じる**：人が何を感じているのかを経験する、**思いやりを持って応答する**：人の苦悩に対して行動を起こす。このことをゴールマンは、「私はあなたを認識し、あなたと共に感じ、あなたを助けるために行動する」とまとめています。[2]

共感に関して大変興味深いのは、相手に共感するときは、どの人の脳でも同じ神経回路が活性化することです。ゴールマンは「つまり、他者が何を経験しているのかを理解しようとする（共感する）ときに使う神経回路は、自分が何かを経験するときに使う脳神経回路と全く同じである」と説明します。共感のための神経細胞であるミラーニューロンは同時性を持ち、言葉がなくても意思疎通ができます。人の関心事が同時に私たちの関心事になります。[3]

共感がなければ人間関係は悪くなる、とゴールマンは自らの本の中で繰り返し強調しています。共感は他者に対する残虐性を抑制します。脳内で攻撃的態度を引き起こすアミグダラを鎮静化させる力も持っています。共感する能力がなければ、私たちが普段経験する人間関係は、自然な安らぎと安心の源ではなく、脅威と危害の源になるでしょう。

マイア・サラヴィッツとブルース・D・ペリーは『子どもの共感力を育てる』（戸根由紀恵訳、紀伊國屋書店、２０１２）の中で、私たちの愛情の核となるのは共感する心だと主張します。

「私たちは愛することで生き残るのです。私たちが愛することができるのは、共感するからです。つまり、相手の立場に立って、相手がどのように感じているかに関心を持とうとするからです」[4]。相手に共感することとは、自分ではなく、相手の状況を経験することです。サラヴィッツとペリーは、人間関係を構築するすべてのもの（信頼、協調、相手への思いやり）の中心には共感があると言っています。共感が生み出されないことの原因は、人種主義や対立、様々な形の暴力など、社会的な病にあると言います。

私たちすべてが、愛と共感を表すために（脳にはその生物学的傾向が仕組まれています）生まれてきたとしても、その能力を発達させる保証はどこにもありません。サラヴィッツとペリーによると、私たちに与えられている生物学的な賜物は、私たちに共感する可能性を与えているだけです。幼児は、愛され世話をされる経験がなければ、共感する心を活性化することができません。また成人してからも、みなそのような経験を一生涯必要とします。共感が育つためには、お互いを大切にする交流が一生続くことが求められます。ここに私は共感と尊厳（ディグニティ）の結びつきを感じます。というのも、お互いの尊厳を尊重することは、愛と思いやりの力強い表現に他ならないからです。

ゴールマンやサラヴィッツとペリーは、共感に対して好意的な評価をしていますが、すべての専門家がそうであるわけではありません。ここで私は、共感の絶対的価値を疑問視して議論を呼んだ最近の研究を紹介したいと思います。

『反共感論――社会はいかに判断を誤るか』（高橋洋翻訳、白楊社、2018）の中で、イエール大学心理学教授のポール・ブルームは、共感の影の部分に注目します。[5] 彼は、感情的共感と認知的共感の区別をします。感情的共感は相手の感情と一致することを求めますが、認知的共感は相手の感情を理解することのみを求めます。相手の痛みを体験しなくてもその人が痛んでいることは理解できます。

ブルームによると、何が正しい行動かを判断するときに、感情的共感に依存するのは、実は危険なことです。なぜならそこにはバイアス（偏り）が潜んでいるからです。私たちは自分と似た人により多く共感する傾向があり、そういう人を思いやりたい、守りたいと思う自然なバイアスを持っています。私たちが自らの共感を向ける対象（自分が好意を持ち、自分と似ている人）に「スポットライトを当てる」傾向があることは、本能的な感情の限界を物語っています。私たちの暗黙のバイアスは、私たちがある人たちには共感できるが、すべての人に共感できるわけではないことを表しています。自分がどのように行動すべきかの判断をするときには、感情的共感は避けて認知的共感を用いた方が賢明だとブルームは言います。そして、正しいことを行おうとするときには「認知」的な経済的効率の分析の方がより効果的だと言います。「私は日常生活における自覚的で落ち着いた理性の価値を評価したいのです。心を使うのではなくて頭を使うことです」と彼は書いています。[6] 感情的共感は、科学的原理に基づかずバイアスのかかったものであるとブルームは言います。「私たちは愛する人に対するのと同じように他人に対して感じるようにには、心理学的に作られていないのです」[7]。自分が大事に思っている人に接するようにすべての人に接するべきだと彼は主張します。しかし、このためには、すべての人に公正に接する意識が求められます。私たちはこれを実現するために感情的共感に頼ることはできません。もし私たちが出会うすべての人の尊厳を尊重するとしたら、この目標を達成することになるでしょうか？

『ニューヨーク・タイムズ』の投稿欄に「共感とは実は選択である」を書いたダリル・キャメロン、マイケル・インツリヒトとウィリアム・カニンガムは、共感は必ずしも正しいことを行うための動機とはならないと言っています[8]。彼らもまたこのことが単純な問題ではないことを指摘します。彼らの研究は、私たちが道徳的な行動を選び取る動機が、状況に応じて変わることを示しています。多くの場合、私たちが共感するかどうかは、自分がどのように**感じたい**のかによって制限されると主張します。どうやら、私たちは共感する心のスイッチを自分の選択に応じてオンにしたりオフにしたりできるようです。彼らは他の研究も例にあげながら、共感はオンやオフにできるばかりではなく、向上させることもできると書いています[9]。これは共感が不動の特性であるという伝統的な考え方に挑戦する内容です。

この著者たちが発見した共感のもう一つの負の側面は、権力を持つ人は共感しなくなる傾向があるということです。たとえ重要な役割を偶然与えられた人でも共感が低下したのです。彼らの説明は、「自分の権限に対して高い意識を持つ人が共感しなくなるのは、他者と協力する必要性が低くなるからだ」というものです。

『人間の行動――ベストとワーストの裏にある生物学 Behave: The Biology of Humans at Our Best and Worst』の中でロバート・サポルスキーは、自らの研究成果を発表し、社会経済的スペクトラムのすべての段階で、人は裕福であればあるほど苦悩する人に共感を示す可能性が減り、思いやりのある行動を取る可能性も減ると言います。[10]

尊厳を重視したリーダーシップを発揮したい人にとって、このような共感に関する批判的な報告はどのような意味を持つのでしょう？　人との深い関係を育み、本物のつながりを維持するためには、相手に共感できることが重要です。相手から信頼されている場合は特にそうです。リーダーは必ずしも人の痛みを共に感じる（感情的共感）必要はないと思いますが、その人がどんな思いなのかを理解すること（認知的共感）ができれば、思いやりや気づかいは伝わると思います。権力を持つ人が他者に対して共感しなくなるのは他者と協力する必要性が低いからという説明がありましたが、これは尊厳を重視したリーダーシップの基本的な前提を壊すことになります。前に紹介した三つのC（自分の尊厳とのつながり、他者の尊厳とのつながり、そして自分よりも大きな存在の尊厳とのつながり）が尊厳ある生き方の核であるということは、人の価値を尊重する形で接することが尊厳を示す行動の中核だということを意味します。尊厳を重視したリーダーシップにとって人とのつながりは不可欠です。組織の中で人との接触を避け共感を示そうとしないことは、リーダーシップの欠如です。

８章では倒産寸前の企業を紹介しました。危機的な状況の中、会社の倒産を避けるために、経営陣は従業員に給料の減額を受け入れるよう依頼しました。忠実な従業員は、経営陣の判断を信頼し「団結して共に打ち勝つ」方針に賛同しました。みんなが同じ痛みを感じ、難しい局面を迎えた時の共感度は高いものでした。

経営陣が自らにボーナスを出し、従業員の給料を正常に戻さないと決めた際、彼らは従業員に対する共感のスイッチをオフにすることを選んだと言えます。自らがボーナスを受けることが合法的であると主張する以外、経営陣は自らの決断に対して沈黙しました。彼らは従業員と接しないことを選びました。関わりを持とうともせず、彼らの苦情を聞いて対話する共感的姿勢は全くありませんでした。経営陣の権力ある立場が、彼らの共感する力を無効にしたのでしょうか？

『共感の時代へ――動物行動学が教えてくれること』（柴田裕之訳、紀伊國屋書店、２０１０）の著者フランス・ドゥ・ヴァールは、今までの議論と同調しつつ、人間は人とのつながりを求める者として生まれてくると言っています[11]（前にも書いたように、私たちは生き残るために人とのつながりを必要とするように進化してきました。集団の大きさが安全を意味したのです）[12]。ドゥ・ヴァールは、共感する能力は人と人をつなぐ接着剤だと説明しています。相手が経験していることを感じる能力によって、相手を思いやることが可能となり永続的な結束が保証されるのです。

私たちが敵意をもって扱われる（尊厳が侵害される）時、最初に失われるのが相手との関係であるとドゥ・ヴァールは指摘します。相手に共感する代わりに、私たちの古来の脳（アミグダラ）は自動的につながりを遮断するように反応します。戦うか逃げるかの選択を求めます。対立関係の最大の犠牲者は共感です。共感がなければ、私たちの人間性を高めるつながり（自分と、他者と、周りの世界とのつながり）を維持することは困難になります。私たちはひたすら脅威の源を除去することだけを考えます。自己保存のための本能が、つながることの必要性を上回るのです。

経営陣が自らにボーナスを与えたことに対して従業員が怒り、裏切られたという気持ちをあらわにした例を考えてみましょう。今まで学んできたことを踏まえれば、彼らの関係が崩壊し共感する能力も失われたことは決して驚くようなことではありません。尊厳の視点で考えると、経営陣と従業員の両者が経験した脅威が、「団結して共に打ち勝つ」と誓い合ったときの土台となっていた信頼関係を失わせたのでした。過ちを公にされることの恥を避け、面目を保つために、経営陣は自分たちが関係の崩壊をもたらしたという責任から逃れたいという誘惑を感じたのかもしれません。難しい局面にあったときに彼らを結び付けていた「原始的」な「感情的共感」が失われると、経営陣と従業員の間のやり取りはあらゆる侵害行為によって支配されるようになりました。

正しいことを行う際に共感が果たす役割は、複雑で限界があるかもしれません。しかし、共感の持つ意味を否定するのは行き過ぎでしょう。ゴールマンが言うように、人間を最も満足させる経験の一つは「自分の存在を誰かが感じてくれているという実感」だからです。誰かに感情的に共感することを自覚的に選んだにせよ、偶然そうなったにせよ、結果は人と人とのつながりです。ブルームは、他者に対してどのような行動をとるかを決めるときには理性や費用対効果の分析を用いるよう勧めています。しかし、たとえ冷静で計算された無感情な判断が、公正で道徳的な結論を導き出すとしても、もし相手に思いやりを示し、相手が価値ある存在だと示したければ、それ以上の何かが必要となります。相手が大事な存在であることを認め（尊厳を尊重する）その人の感じていることを理解しようとすれば（共感）、あなたは単なる正しい行動をはるかに超えて、私たちが人間としてこの世に生まれながらに求めていることを行えるのです。それは意味のある人間的つながりです。

ここで、共感についての考え方をいくつか紹介します。これらは、人との尊厳あるつながりを確立し維持するための助けとなるものです。

- **人とのやり取りの中であなたが共感を経験するときとしないときを意識する。その違いを認識する。**人に対して自然と共感が湧いてこない場合、このことが意識的にも無意識的にも相手の尊厳を侵害する状況を作ってしまうかもしれません。
- **たとえ相手に対して自然に共感することができなくても、あなたは相手の尊厳を尊重する決断ができることを認識する。**人を大事に扱うためには感情的共感は必ずしも必要ありません。

・**相手の尊厳を大事にする接し方によって、私たちは本来持っている共感する傾向を向上させ活発化させることができる。**このような行動を取ることで、尊厳を尊重し合うやり取りの連鎖が生まれ、お互いに対して容易に共感できないグループの間でも結果的に心からのつながりの実感が生まれる可能性もあります。

この章の冒頭に紹介したゴールマンの言葉が警鐘を鳴らしているように、自己中心主義は共感を殺します。尊厳を重視したリーダーシップを取るのであれば、自らの内にある世界と外にある世界に対する関心を分けることが重要です。自らの内にある世界に注目しすぎることは、周りの世界で起こっている事柄に対して気がついたり反応したりする可能性を奪ってしまいます。私たちが取り入れるべきは、ロナルド・A・ハイフェッツが「バルコニーの視点」と呼んでいるものです。人とのハイペースなやり取りの中にあっても、自分の行動を全体的に展望できる視点をもつことです。

# 第10章 バルコニーへ向かう
## ――より高い視点から自分を見る

一般常識の中でも、行動の只中で広い視野を持つべきだという考えほど明らかで重要なものはない。

――ロナルド・A・ハイフェッツ

尊厳（ディグニティ）を重視したリーダーシップを取るために欠かせないスキルの一つは、自らの視点よりも高いところから自分を見ることです。ハーバード大学のKennedy School of Governmentで教えるリーダーシップの専門家ロナルド・A・ハイフェッツは、「バルコニーへ向かう」ことで、行動の真っ只中にあっても、より広い視野を得る重要性を説いています。[1] ハイフェッツの説明によると、人は他者との激しい関わりに巻き込まれても、仮想のバルコニーに上がることで、「ここで実際何が起こっているのだろう？　この出来事において私はどのような役割を果たしているのだろう？　この関係がうまくいっていないのにはもっと大きな要因もあるのだろうか?」という疑問に答えることができます。この思考訓練は、10の誘惑のような自滅的態度に陥りそうなときに、より広い物の見方を与えてくれます。一時停止ボタンを押し、自らの対応を振り返ることで、他者や自らに対する尊厳の侵害を防ぐことができます。

しかし、バルコニーに向かうことは容易ではありません。私たちの感情が激しい議論によってハイジャックされているときには、特にそうです。[2] 復讐に燃える「Me」が私たちの考えや行動を乗っ取ってしまった場合、私たちはその態度を後悔することがほとんどです。自己保存本能というのは自分を守るためにあるものであり、関係を維持するためにあるものではありません。

例えば、スタッフ・ミーティングで問題を抱えていたある女性の場合です。彼女は自分のもとで働く従業員たちから挑発的な言葉を受けていると感じ、その挑発に乗る形で反応していました。言い返すことで相手のことも同じように傷つけ、相手の尊厳だけではなく自分の尊厳をも侵害していました。話し合いがあまりにも感情的になりすぎるので、結果的にミーティングを終了せざるを得ないような状況が繰り返されていました。

私は彼女に、バルコニーの比喩のことを教えました。挑発的な発言に反応する前に、頭の中で一時停止ボタンを押して、比喩としてのバルコニーに向かうことができることを伝えると、彼女はその手法に大変興味を持ちました。バルコニーにいる間、瞬間的にでも違う視点からミーティングのやり取りを見れば、従業員とのやり取りの中で自分がどのように映っているかについて、より大きな視点を持つことができる、と私は彼女に説明しました。相手にやり返したい衝動に駆られるとき、彼女の中で何が起こっていたのでしょうか？　自分を抑えることができなくなり、挑発に乗ってしまったのは、何かその引き金になるようなことがあったからではないでしょうか？

　バルコニーに立つと、問題の原因となっている二つの事柄が見えてきます。一つ目は、私たちの「内なる世界」で起こっていること、二つ目は、私たちの外の世界で起こっていることです。目の前のやり取りを近くや遠くから見られるように、そこから距離を取ることができるようになります。

　自らの内なる世界から始めれば、「今、私に何が起こっただろうか?」と問うことができます。他者と関わる自分を観察することは、高度な認知スキルです。人の尊厳や自分の尊厳を侵害してしまう前に、脅威を感じ感情の引き金が引かれている状態の自分を抑制することが求められるからです。挑発に乗ってしまうと人の目に悪く映ります。たとえ仕返しをして自分を守る権利があるように思えたとしても、このような考え方は私たちの自己保存本能から来るものであって、思慮深い内省からくるものではありません。このような行動は、人間の反射的で衝動的な「Me」の反応であり、しっかり地に足のついた広い視野を持つ「I」によるものではありません。

感情に乗っ取られるとどうなるのかについて、興味深い話があります。神経科学者ジル・ボルト・テイラーによると、大脳辺縁系（感情をつかさどる脳）は、年齢を重ねても成長するわけではありません。新皮質とは違って、私たちが生まれたときから引き継いでいる「感情的な脳」は成長もせず発達もしません。生まれたときにまっさらなのは新皮質であって、感情的な脳ではありません。「感情的なボタンが押されると、私たちはたとえ大人であっても2歳児のように外部の刺激に反応する力が保持されています」と彼女は説明します。[3]人との関わりにおいて、感情に乗っ取られた自分や他者が、まるで2歳児のように反応している光景をあなたは何度も見てきたはずです。

しかし、私たちは人から受けた扱いを脅威と感じたとしても、子どものように反応すると運命づけられているわけではありません。新皮質の助けを借りて、私たちは極度に刺激された感情的反応をコントロールし、より冷静に反応できると彼女は説明します。

リーダーシップをとる立場に立つときにも、人は自身の尊厳に関わる長い歴史をかかえ続けています。意識するかどうかは別として、幼少期に受けた尊厳に対する侵害は、もしそれが癒されず対処もされずにいたならば、大人になってからも内なる世界の健康に大きな影響を与え続けることになります。[4]例えば、もし、成長過程での人間関係で、いつも誰かに挑発されたり批判されたりするような尊厳の侵害を多く経験すると、大人になっても、そのような扱いを受けることで必要以上に強い反応を引き起こしてしまうことがあります。

　このような感情を抱いたときにバルコニーに向かうことで認識できることがあります。それは「尊厳の早期刷り込み」と私が呼んでいるものです。この「尊厳の早期刷り込み」は、大人の視点で十分に理解されないまま、物事に対する私たちの反応に影響を及ぼしています。子どものころに尊厳が侵害されて感じた無力な気持ちは、誰もが持っている経験です。世話をしてくれる人に大きく依存している時期のこの経験は、大人になってから同様の扱いを受けた場合に、私たちの中で強い反応を引き起こすことがよくあります[5]。価値がないかのように扱われた経験は、尊厳を傷つけます。その傷に由来する自分の尊厳の傷つきやすい部分を理解することで、私たちは仕返しをしたいという誘惑（挑発に乗る）に抵抗しやすくなります。バルコニーの考え方を借りれば、私たちは自分の反応が、以前に経験した古い出来事によって形成された幼稚な自己理解に基づくものであることがわかります。「弱さの棚卸し」と私が呼んでいる作業をして、自らの尊厳の傷つきやすい部分を意識すると、自分が特に敏感に反応する事柄が刺激されたときに停止ボタンを押す助けとなります。

　弱さの棚卸しとは何でしょうか？　尊厳の10の要素を見て、その中に幼少期や青年期にかけて侵害されたものがあるか考えてみてください。自分には変えることができない自分のアイデンティティ（人種、階級、宗教、性別、民族性）のことで差別された経験はありますか？自分の家や学校で普段から心理的にも身体的にも安心や安全を脅かされた経験はありますか（精神的身体的虐待はありましたか）？　あなたを守る責任のある親や保護者に、まるで存在しないかのように扱われた経験はありましたか？　他にも尊厳の要素を順に取り上げながら、どれぐらいの頻度で尊厳が侵害されたか、どのような状況であったのか、考えてみてください。

このような作業をすれば尊厳の傷つきやすい部分が何であるかはすぐにわかります。10の要素をもとにすれば、自分が経験したことを再び映像的にとらえることができるだけではありません。自分の受けた幼少期の虐待と今の同じような出来事とがつながり、古い傷の痛みをいかに呼び覚ましているかも見えてきます。

ここで「幼少期の尊厳侵害の刷り込み」に関して理解すべき重要な点は、少なくともある状況下では、その刷り込みがあなたを「Me」意識の中に凍結させてしまっていることです。この「Me」意識の中では、あなたは他者から受ける扱いによって、自らの尊厳が規定されると思い込んでいます。この刷り込みはまた、仕返しをしたくなる誘惑をはじめ、他の10の誘惑にも陥りやすい状態にあなたを追い込んでしまいます。私たちにあらかじめ備わっているのは、反射的な防衛反応です。これはすでに傷ついた尊厳を、復讐心をもって何としても守ろうとします。この状況の「Me」の最大の関心は、脅威の源を抹消することです。つまり、古い傷を刺激した人を精神的に（または、極端な場合には身体的に）滅ぼすことです。

ウィスコンシン州立大学神経科学学者のリチャード・デビッドソンは、私たちの感情的な「スタイル」や反応が幼少期に形成されると指摘しますが、同時に私たちにはそれらを変化させる力があるとも言っています。[6]　大人として、私たちは自らを訓練し脳内の反応パターンを変更できると言います。神経可塑性の理解には、近年革命的な変化があったとデビッドソンは説明します。脳は変わらないと以前の科学者たちは考えてきました。しかし、神経科学は、私たちの脳は純粋な知的活動（考えや意志）によって変わることができると実証しました。精神的な混乱に対してデビッドソンが推奨するのは、脳を落ち着かせるための瞑想です。マインドフルネス瞑想（自分の考えを客観的に見ること）は、他の方法ではコントロールできない考えや行動をコントロールできるようにします。

ケビン・オシュナーも認知の再構築の研究の中で、何かの出来事に対する考え方を変えることで私たちが感情的にその出来事をどのように受け取るかも変わる、と言っています。[7]

尊厳を尊重してリーダーシップをとる能力は、バルコニーの視点の役割を理解することによって高められます。それによって、他者との感情的な応酬に陥ったときの自分に対して、より深く広い見識を与えられるからです。

この視点によって私たちは次のような力を得ます。

・状況によって引き起こされる反射的自己保存の態度を認識し、それを抑える。
・弱さの棚卸しによって、自らが幼少期に受けた尊厳に対する傷が、大人になってからも同様の経験に対して過敏な反応を引き起こしていることを確認する。
・「Me」の視点から見ていたやり取りを、「I」の視点で捉えなおすことによって、目の前で起こっていることに対して、自らの反応ばかりではなく他の視点を取り入れる。

前にも書いたように、バルコニーの視点によって、他者との難しいやり取りの中で展開している二つの相関関係が分析できるようになります。つまり、自分の内面で起こっていることと、自分の外（自分がやり取りしている相手の視点）で起こっているであろうことです。自分の感情の波に捕らわれず、相手に起こっていることで自分が見えていない部分を想像する余裕を持って、自問することができます。「この関係がうまくいっていないことについて、私は自らを罪のない被害者だと思い込んではいないだろうか？　知らずに行ったことが相手の尊厳を侵害してしまったことはないだろうか？」「相手の視点を私は完全に理解できているだろうか？」「相手の挑発的な態度を理解するための情報が不足していることはないだろうか？」「この人もまた、私が直面している状況や私に影響している事柄について、理解するための情報が不足しているのではないか？」

もう一度、スタッフ・ミーティングで問題を抱えていた女性（ここではエイミーと呼びます）に話を戻しましょう。バルコニーの視点を学び、彼女の尊厳の傷つきやすい部分について話し合うことで、毎週行われるスタッフ・ミーティングにおける、彼女と従業員とのやり取りに大きな変化がもたらされました。

彼女は弱さの棚卸しをすることで、幼少期に受けた重大な尊厳侵害に起因する刷り込みを意識するようになりました。その刷り込みが原因で自分の自己評価が影響され、結果的に部下から少しでも批判されていると感じたときに強く反応してしまう自分に気がついたのです。彼女の説明によると、母親は潔癖主義で、細かいことで彼女を批判したそうです。母親は、また、エイミーが失敗したり間違ったり自分の期待に応えてくれないことに我慢できませんでした。エイミーが通っていた幼稚園にも、母親と同じような先生がいました。母親や先生にミスを指摘されることで、エイミーは大きな緊張感をかかえ、完璧でなければならないという不安感で結果的に自分が価値のない存在のように感じていました。その批判が引き金となって、自分が無能力なとても恥ずかしい人間に思えるのでした。

エイミーは、自分の自己評価が母親の批判によって大きく影響されていることを意識していました。セラピーを受けた経験もあり、母親との関係が自分に大きな影響を与えていたことも自覚していました。今までと違い彼女にとって新鮮だったのは、それを尊厳の枠組みを通してとらえることであり、幼少期に受けた傷が彼女のリーダーシップ力に影響を及ぼしていることを認識することでした。彼女は、スタッフ・ミーティングを完全に支配することで、誰も彼女に対する否定的な発言をさせないようにする傾向がありました。従業員が否定的なことを言うと、彼女は発言をした人に対して不機嫌になり、結果的に相手の尊厳を侵害してしまいました。状況はたちまちエイミーや従業員にとって有害なものになりました。

バルコニーの視点というのは、私たちの内なる世界と私たちの外にある人々の世界の両方の複雑さを考えるために必要なスペースを作るテクニックです。10の誘惑に陥る前に考えるスペースを作ると、私たちは自分の下そうとしている判断について、自分のどの部分に主導権を与えたいのかを考えることができます。反射的で復讐を求める「Me」に主導権を与えるのか、それとも、思慮深く、思いやりや責任感のある、尊厳意識に通じる「I」に主導権を持たせたいですか？　そして、バルコニーに向かった後の次のステップとは何でしょうか？　人間関係が不調に陥ってしまったことに対して自分も責任があることを認識したとき、私たちはどうしたらよいのでしょうか（ヒント：もっと上に登りますよ！）。

# 第11章　責任を取る

偉大さの対価は責任である。

――ウィンストン・チャーチル

『偉人たちの言葉から見るリーダーシップ　Leadership: Essential Writings by Our Greatest Thinkers』の著者エリザベス・サメットは、「責任を取る」という章を次のアブラハム・リンカーンの言葉で始めています。「私はここで、あなたが正しくて私が間違っていたことを個人的に認めなければならない」（１８６３年7月13日にユリシーズ・グラントに宛てた手紙から）[1]。リンカーン大統領はグラント将軍に対し、ビックスベルグで北軍に勝利をもたらした将軍の戦略に懐疑的だったことについて謝罪しています。

リンカーン大統領のように、自分が間違っていたと認めるのは、大変勇気のいることであるとサメットは指摘しています。当然勇気は大事なことですが、私はそれだけではないように思います。勇気について考えてみましょう。勇気とは、恐れていることをあえて行う能力のことです。では、間違いを認めたり過ちを正す決断をしたりするときに、私たちはいったい何を恐れているのでしょうか？[2]　そもそも、なぜ勇気が必要なのでしょうか？

尊厳（ディグニティ）の視点で考えるならば、私たちは人の目に悪く映ることを恐れています。自分の自尊心が失われることを心配します。面目を失わないようにする習性はとても強いため、いい人であっても、真実が自らのステータスやイメージを汚すことがないように、ごまかしたり嘘をついたりしようとします。[3]　10の誘惑の力はあまりにも強いので、自分が行ったことの真実を隠す本能は、ばれることへの恐怖が差し迫っているときには、ほとんど自動的に作動します。自分の尊厳が他者の評価と称賛に由来すると信じる、尊厳意識の依存ステージにある人にとって、尊厳を失う恐怖とそれに伴う屈辱は、複合的な問題となってその人を追い詰めてしまいます。

自らの行動に対して責任を取る能力は、人間の経験に対する知識に基づきます。私たちは絶えず自己保存本能（尊厳を侵害する10の誘惑）という進化の遺物に試されています。過ちや失敗など、自分の弱さや能力のなさを表すように思えることに直面した時、自分の価値やステータス、または他者の目に映る自分のイメージに対する脅威を感じる状況で引き起こされる思考プロセスについて理解していなければ、私たちは破壊的行動に簡単に陥ってしまいます。自分がしたことを隠そうとする誘惑はとても強いものです。引力のような生存本能の力は、わかっていても乗り越えるのが難しいものです。

自分の行動に対して責任を持つためには、勇気だけでなく、自分自身の価値をしっかりわかっていることが必要です。つまりそれは、自分の尊厳につながるということであり、自分が何をしても（それが正しくても正しくなくても）自らの尊厳は損なわれないと知ることを意味します。それが、屈辱や公にさらされることに対する先天的な恐怖に立ち向かう唯一の特効薬です。[4]

屈辱を受けることやステータスが損なわれることへの恐怖は、侮れない内なる敵であり、当然これに立ち向かうためには勇気が必要です。[5] しかし同時に、自らの尊厳はもちろん、私たちの偽りや嘘によって傷つけられる人たちの尊厳をも守る姿勢が必要です。これは、真実と弱さが合流するところです。自らの行動に責任を取るのは、それがどれだけ恥ずかしいとしても、必然的に二つの真実に向き合うことを意味します。つまり、自分が生まれ持つ価値と、10の誘惑に陥りやすい自分の弱さです。他者の視点を真剣に受け止めるのではなく、挑発に乗って仕返しをするのか？　自分の過ちや不正行為を認めて真実を語るのか？　または自分の責任を回避したり、他者を非難し陥れてそちらに目を向けさせたりするのか？　自分の気づかない部分を示してくれる他者からのフィードバックを拒むのか？（この認識のずれこそが、そもそも問題を起こしてしまった要因なのですが。）

10章で紹介したエイミーの話をもう一度見てみましょう。エイミーは、スタッフ・ミーティング中にリーダーシップの課題に直面していました。スタッフからの挑発的な発言に反応している自分を感じたとき、思考的にその瞬間から一歩引くことを、エイミーは学びました。「バルコニーの視点」を用いることで、自分を客観的に見つめ、部下との感情的な応酬に乗ってしまう自分の反応を見ることができました。それによって、批判されていると感じた時に挑発に乗ってしまう自分の行動が、問題の一端であることを知るようになりました。

バルコニーの視点のおかげで、彼女は自分の反応が幼少期に受けた尊厳に対する傷に由来し、今もその経験が自分の行動に影響していることがわかりました。弱さの棚卸しは、批判に対して彼女が特に敏感になってしまう原因が、幼少期の侮辱的経験にあることを知る手助けになりました。バルコニーに立つことで、彼女はスタッフとの非建設的なやり取りをエスカレートさせないために自己抑制できるようになりました。「I意識」を持つことで、どのように反応したらスタッフの尊厳も自分の尊厳も保つことができるかを考えました。エイミーにとって次の段階は、スタッフと対面し、今までのうまくいかなかった関係において自分が悪かった部分の責任を取ることでした。

エイミーは、スタッフから批判されていると感じたときの自分の反応の原因についてよく理解していたし、バルコニーの視点が自分を支えてくれると思っていましたが、それでも彼女は面目を失いたくないという誘惑と戦っていました。彼女の中にはまだ、部下からの尊敬を失い無能な人として見られるのではないかという恐れがありました。人に批判される恐怖と、恥をかく恐怖は、どちらもとても強いものでした。

エイミーのように、自分の態度と行動を変えようとするときに覚えておかなければならないのは、恥をかくことに対する恐れは一夜で無くなるものではないことです。彼女は自分の尊厳がどこに由来するのかについての理解を変えなければなりませんでした。人からの評価や扱われ方によって自分の価値が決まると信じる依存ステージを乗り超えなければならないのです。自分の尊厳は無条件に生まれつき与えられているものであって、自分の手の中にあり、誰もそれを自分から奪い取ることができないのだ、と彼女が理解するには時間がかかりました。コーチングや家族友人の助けもあり、彼女はようやくマンデラ意識に到達しました。彼女は責任を取る準備ができたのです。

ひとつ良かったのは、エイミーが部下たちと会う前に、私が彼らと何回も会って準備ができたことです。私はエイミーがこれから行おうとしていること、つまり悪夢のスタッフ・ミーティングで彼女が従業員に示した態度に対して責任を取ることを事前に説明しました。彼らには、今までのミーティングで経験してきた尊厳の侵害について、直接エイミーにフィードバックする機会があることを説明しました。また、彼女が受け止められるような言い方でフィードバックをすることの重要性も説明しました。声を荒げて彼女に怒鳴ることは有効ではありません。『感情と暴力――破壊的対立における恥と怒り　Emotions and Violence: Shame and Rage in Destructive Conflicts』の著者トマス・シェフとスザンヌ・レッチンガーは、自分のしたことを少し恥ずかしく思ったりすることは、変化をもたらす良い動機づけになると述べています。[6]しかし、もし、強烈で感情的な攻撃によってその恥の感情が耐えられないほどのレベルに達してしまえば、私たちが自らの自己保存本能に抵抗するのは難しくなり、かえって10の誘惑に陥ってしまう傾向が強くなります。

エイミーがスタッフと会ったとき、私はファシリテーターとしてその場で話し合いを進める役割を持ちました。エイミーは、まず彼らとの関係が自分にとって何よりも大事であることを伝え、彼女が今までに彼らの尊厳を侵害してきたことで生じさせたダメージをできるかぎり修復したいと伝えました。彼女は、彼らからフィードバックを受けるときに自分が衝動的に反応していたことや、彼らに発言する機会を許さず彼らの関心事を認めようとしてこなかったことに対する十分な自覚がなかったことを説明しました。彼女は尊厳のトレーニングを受けることで自分の盲点が見えるようになったこと、そして彼らに対して、また彼らとの関係に対して与えてしまった損害について謝りたいと伝えました。彼女は、彼らのフィードバックを、今回だけではなく継続的に聴きたいと伝えました。またそれを通常のスタッフ・ミーティングの一部にしたいと伝えました。彼らが何かによって気分を害しているのであれば、彼女はそのことについて知りたいと述べました。また、彼らが何か問題に感じたときに安心して発言できない状況だったのはとても大変だったことでしょう、と言及しました。

エイミーはスタッフからのフィードバックを求めました。スタッフは事前に私とフィードバックの仕方を練習していました。彼女は「理解するために聴く」ように教えられ、スタッフは「理解されるように話す」ように教えられていました。エイミーはまた、彼らの話やフィードバックに出てくる尊厳侵害を聞き取るように指示されていました。彼らが話をしている間、自分がしゃべったり自己防衛したりしてはならないことも知っていました。彼女がすべきことは、自分が彼らに与えたネガティブな影響をより深く理解するためにできるだけ注意深く聴くことでした。責任を取ることとは、まずは自分から心を開いて彼らの話に耳を傾けることでした。

エイミーは、自分のせいでスタッフが強いられた状況を、思いやりと関心をもって聴きました。彼らがフィードバックを終えると、彼女は適切な次の段階へ進みました。彼女は謝罪し、この一連の出来事が彼らにとってどれほど大変であったかを認めました。最後に彼女は、フィードバックに対して開かれた姿勢を持ち続けたいし、これを彼らとの日常的なやり取りの一部にしたいという決意を伝えました。

スタッフとのこのやり取りの結果は、彼女が予想していたものとは異なりました。彼女は今まで何度もスタッフの尊厳を（無意識であっても）侵害してきたことで信頼が失われたので、彼らとの関係の修復には時間がかかるし、自分がゆっくりと信頼を取り戻さなければならないと思っていたのです。しかし、エイミーが彼らの前で自分の弱さをさらけ出したことによって驚くべきことが起こりました。自分が害を与えたことに対して責任を取り、尊厳を侵害したことに対して謝ったことで、共感の道が開かれたのです。スタッフは私のトレーニングを受けていたので10の誘惑について知っていましたし、今回のエイミーの行動には勇気が必要だったことも理解していました。彼らは更なる批判を受けるリスクを取った彼女の強さと弱さを見て、真実と向き合おうとする彼女の姿勢に感動したのです。

スタッフはエイミーの謝罪を受け入れただけではなく、関係を修復して良い方向に導こうとする彼女の願いに感動しました。ミーティングの後で一人の参加者から次のように伝えられました。「エイミーが自分のしたことに対して責任を取ることができるのなら、私も似たような立場になったときに、同じようにできるのではないかと希望を持ちました」。エイミーが自分の過ちを認めて、自分が問題の一因だったことに対して責任を取ったとき、関係は修復されただけではなく、以前に比べてより強固なものになったのでした。従業員は自由に自分の意見を言えるようになり、人前で本来の自分を表すことができるような親密さが生まれたことに、驚いていました。

関係の修復は他にも影響を及ぼしました。エイミーとスタッフがチームとして協力する力が増し、生産性もレベルアップしました。また、以前よりも集中して仕事に打ち込むことができるようになり、会社に貢献していることに対して誇りを感じるようになったと報告しました。

エイミーの話は、自らの行動に対して責任を取ることが三つの尊厳とのつながり（三つのC、つまり自らの尊厳とのつながり、他者の尊厳とのつながり、そして自分を超えたより大きなものの尊厳とのつながり）に影響を与える良い実例です。このケースでは、三つ目のつながりはエイミーの会社とのつながりを意味します。エイミーのリーダーシップの欠如はチーム内で混乱を招き、自分の役割を果たし会社に貢献するべき彼女の仕事の妨げとなっていました。自分のリーダーシップの欠如に対して責任を取った後、彼女は自分が尊厳とのつながりにおいていかに道を踏み外していたかに気がつくことができました。彼女は、尊厳につながっていないことからくる苦しみを自らの経験として味わい、また、三つの尊厳とのつながりを取り戻すことからくる変革的な力を知りました。彼女は、責任を取るということは単に自分自身や自分の行動に限ったことではないことを発見しました。自分の尊厳、他者の尊厳、そして会社のために従業員がみんなで仕えている大きな目標がつながりあっていることに気づいたのです。尊厳は、三つのCに深く関係しているのと同じように、責任を取ることにも深く結びついています。

最も重要なのは、尊厳についての学びは自分の価値を理解するだけにとどまらないと、エイミーが学んだことです。自分の尊厳についてどのように思うかは、自分が他者をどのように扱うかに影響し、また自分も含め周りの人たちが共通の目標に向かって働くことに影響していたのです。デイビー・フロイドが指摘するように、そしてエイミーの経験が実証しているように、尊厳については私たちみんなが責任を負っているのです。それがどのような形で現れようとも、尊厳を守り育むことは私たちの義務です。

ここで、人間であるとはどういうことかについて、覚えておくべきいくつかのことがあります。これらが、責任を取ることを難しくしているのです。

- **責任を取ることは自然にできることではない。**私たちはみんな同じ人間的葛藤に直面します。それは何か過ちを犯した後でその過ちを清算することです。過ちを認めることを躊躇するとしても、それは決して驚くようなことではありません。私たちが恥をかく恐れや体面を守ることへの強烈な誘惑と戦うために必要なのは、尊厳意識です。
- **マンデラ意識がなければ、責任を取ることに対する抵抗を乗り越えることはより難しくなる。**誰もあなたの尊厳を奪い取ることができない（尊厳はあなた自身の手の中にある）ことを知れば、自分がしたことに対して責任を取るために必要な精神的な安定が得られます。
- **他の学習と同じように、責任を取ることは努力と練習を必要とする。**まずは信頼する仲間との間で自分の過ちを認める練習を始めましょう。自分の行動に対して責任を取るとき、あなたは自らの尊厳を守っているのだと知りましょう。このことを心にとめていることで、屈辱に対する恐怖を和らげ、10の誘惑を遠ざけることができます。

第2部で私が紹介した原則は、ここで取り上げた能力や行動がすべて相互関係にあることを表しています。尊厳意識をもってリードすることで、私たちは自分や他者が生まれ持つ価値を大事にし、守っていく責任を負っていることに気づきます。三つのCに対する意識は私たちの行動の指針となり、それによって私たちは、自分自身の幸福を大事に守ることだけに集中せずにより謙虚になることができます。

人間の責任についての視点を広げることには、自分自身にしか関心がないかのような考えや行動をする傾向をチェックする効果があります。自らを全体の一部として見る（自分が全体そのものではないと知る）ために必要な謙遜さは、私たちを傲慢、ナルシシズム、狭い利己主義の束縛から解放してくれます。自分が全体の一部だということは、すべての人が大切であることを意味します。自分も大事だけれども、他者も同様に大事です。尊厳を重視してリーダーシップをとることは、より開かれた尊厳意識から来る尊厳を体現することを意味します。

謙虚で責任のあるリーダーこそが、弱さを持った自分を表現できる安全な環境を作り、信頼を育み、「バルコニーに向かう」必要性を感じ、生涯を通して学習する姿勢を示し、共感を示し、他者に害を与えた場合には責任を取ることができるリーダーです。リーダーとして、私たちは変化を恐れてはいけません。自分がいつも正しいとは限らないことを認識し、他者からのフィードバックを必要としていることを認めなければなりません。他者からのフィードバックが自分の盲点を照らし自分には見えないものを見せてくれるからです。謙虚さこそ、私たちを「最終的には自分が一番よくわかっている」というありがちなナルシシストの罠に陥らないように守ってくれます。

# 第3部　尊厳文化をつくる

企業文化は戦略に勝る

――ピーター・ドラッカー

# 第12章 尊厳教育を推奨する

組織を再創生することは可能だろうか？　より生産的で満足度が高く、意味を感じる新しいモデルを作ることはできないか？　私たちの才能が開花し使命感が尊重されるような力に満ちた職場環境（学校、病院、企業、非営利組織）を作れるだろうか。

——フレデリック・ラルー

ここまで、個人間の人間関係スキルや、尊厳（ディグニティ）を重視したリーダーシップを発揮するために必要な素質に注目してきました。コンサルタントとして様々な組織に招かれるようになった当初、私は「ディグニティ・モデル（尊厳モデル）」を携えて、その場で生じていた対立のもとにある個々人の尊厳侵害を明らかにし、ディグニティ・モデルを使って尊厳の傷に名前を与え、関係性の修復に努めていました。しかし、このやり方では他の要素を見落としていたことに気がつきました。

ディグニティ・モデルを使い始めたころには失敗もありました。「ディグニティ・モデル」が適切でなかったわけではありません。ただ、他にもどんなことが対立関係を起こしているかを、バルコニーに上がってさらに広い視野で見る必要がありました。私のミスは、人間関係の問題が起きている時の、周囲の状況についてのものでした。

私が学んだのは、対立関係にある人たちにディグニティ・モデルの基礎的な考え方を紹介して、あとはすべてが上手く運ぶと期待するだけでは不十分だということです。私たちの生活や人間関係において、尊厳がどのような役割を持つのかについて**組織全体としての**理解がなければ、またその組織全員の協力がなければ、そのグループは、一般社会の負の部分の悪影響から逃れられないのです。

組織の文化自体が尊厳の侵害をもたらしていることもよくあります。注意も指摘もされないことで許容されたことになっている行動や言動が、人々の関わり方を方向づけており、尊厳に関する無知がもたらす問題が至る所にありました。尊厳を侵害されることで人がどれほど傷つくのかをリーダーたちが理解していなかったために、自分たちの下した決断が全従業員の士気に大きな影響を及ぼしていると気づいていませんでした。

8章で紹介した、経営破綻の危機に直面した企業が破綻を避けるために従業員に給料の減額をお願いした話に戻りたいと思います。危機的状況が回避された後、経営陣が従業員に対してボーナスどころかカットした分の給料を支払うことさえしなかった一方で、自らにボーナスを出す決断をしたことは、従業員には大きな尊厳の侵害として受け止められました。この不公平な決断と、労働者として裏切られた実感が伴って、全組織に及ぶ従業員からの反発が起こりました。この例は、尊厳の尊重をしなかった対人関係のものではなく、一つの方針決定によってすべての従業員が悪影響を受け、さらに不健康な職場文化を生み出した実例でした。尊厳教育には対人関係スキル（どのように接すれば相手の価値を認める形で接することができるか）とシステム応用（どうすれば組織の構成員すべての尊厳を考慮した方針や手続きを創出できるか）の両方が必要であることを、私はこの経験を通して学びました。

　私が関わったほとんどの企業は、尊厳教育の経験もなく、その知識を方針や手順に取り入れたこともありませんでした。私たちの生活において尊厳の果たす役割の大きさや、どのように相手を価値ある者として自覚的に扱うかを学ぶことは、教育業界の最優先課題であるべきですが、そのようにはなっていません。このため、多くの組織には尊厳の侵害を習慣化してしまう文化を生み出すリスクがあります。

　たとえ悪気がなくても、知らずに人の尊厳を侵害してしまう実例を今までいくつも紹介してきました。ある人たちは、自分が人に与える影響の大きさに気がついていません。またある人たちは、自分が受けた害に対して当然と思える仕返しをすることで、今度は自分たちが加害者になってしまうことを理解していません。尊厳認識から生まれる知恵（**相手が自分に与えた害を相手に与えない**）は、悲しいことに組織形成の基礎をなす常識的な知恵ではないのです。

私が自分のミスから学んだのは、**全組織に及ぶ尊厳の文化**を作るためには全員が協力しなければならないということです。最も重要なことは、リーダーがそれを推奨し支持することです。尊厳の知識を日常的な組織運営に組み込んで具体的に表現する積極的な姿勢が必要です。尊厳意識は、組織で働くすべての人が生まれ持つ価値や弱さを守り支える精神的な補強材となることができます。

このセーフティーネットを作り出すうえで、リーダーが果たす役割は大変重要なものです。尊厳の文化を生み出そうとするリーダーの姿勢が職場の雰囲気を決め、その組織内では人がどのように扱われるべきか、そして個々人には何が求められているのかを明確にします。尊厳の文化が現実のものとなるためには、責任を取ることと説明責任を果たすことが不可欠です。リーダーの果たす務めとは、尊厳を持って人を扱うとはどういうことかを自ら実践して示すことで、そのチームに求められる姿勢の模範となることです。また自分の行動に対してどのように責任を取るかの模範を示すことも同様に重要です。

同時に、尊厳を重視したリーダーシップの実行は一方通行ではありません。従業員もお互いに対して、また組織の文化に対して責任を持っています。すべての人が三つのC（自らの尊厳、他者の尊厳、そして組織の尊厳へのつながり）を精神的に支えることにコミットします。三つのCが守られているかどうかについてリーダーの責任を問うことは、従業員の責任です。リーダーの行動の原因がリーダー自身が気づいていない部分であるときは、特にそうです。

これは従業員にとっては勇気が必要なことですが、リーダーシップチームの成長と発展に貢献するためには最善の方法です。[1] 結果として生み出されるのは、従業員が安心して働ける職場環境です。つまり違和感があるときには安心して声を上げ、飾らない本来の自分を保ち、失敗から学び、個人的な学習目標や抱負を持つことができる職場です。さらなる利点は、組織に対する従業員の責任感と帰属意識が高まることです。

25年以上前に、『生産的な職場――21世紀における尊厳、やりがい、コミュニティ Productive Workplaces: Dignity, Meaning and Community in the 21st Century』の著者マルビン・ワイスボルドは、組織のすべての人が変化のプロセスに関わることはシステムそのものを向上させると指摘しています。[2] 彼によると、組織の目的を支える価値観や原則を守ることに従業員全員を積極的に関わらせる方が、方法論やテクニックについて心配することよりも重要です。さらに、変化を伴うプロセスにみんなを関わらせることは、尊厳を促進させると彼は指摘します。それは自分の仕事が何か意味のあることに貢献している（自分より大きなものに帰属し、一丸となって共通の目標に向かって共に働いている）実感を与え、コミュニティを求める人間の欲求に応えることでもあります。

尊厳の文化を生み出す組織全体としての取り組みがなければ、暗黙のうちに普段から許容されてきた日常的な尊厳の侵害のせいで、職場でありのままの自分でいることが難しくなります。ロバート・キーガンやリサ・ラスコウ・レイヒーから以前にも学んだように、組織で働く人は給料をもらっている仕事に加え、二つ目の仕事をしています。[3] その二つ目の仕事とは、自分の無能力を隠し、自分の弱さを覆い、上司や同僚の前で自分をよく見せようとすることです。

他人の目に悪く映ることへの恐怖は、尊厳の基礎的要素について知らないために起こります。自分の価値や評価を決めるのは自分以外の人だと信じる偽りの尊厳の実例です。失敗したり、自分の理解の限界に気づいたりしたときには、それをチャンスととらえ、自分が何者であるかについての理解を広げ、無限に成長する自分の可能性を明らかにする機会とすることもできます。しかし、ディグニティ・モデルを構築する要素の一つであるマンデラ意識がなければ、私たちは自分が感じている不十分さを隠そうとする誘惑に陥る可能性があります。以前にも指摘したように、自分の間違った行動や無能力を人前でさらされる恐怖は、失敗を認めることを難しくします。[4]

恥の文化の最大の犠牲者は自尊心です。尊厳と責任の文化を根付かせるためにまず取り組まなければならないのは、人を弱らせる恥と屈辱の影響に向き合うことです。このことを成し遂げるための最善の（私の意見では唯一の）方法は、マンデラ意識を持つように促すことで、その人が自分の尊厳の主導権を持てるように手助けすることです。自分たちの尊厳が完全に自分たちのものであって、失敗したり自分の知識の限界を感じたりしても決して失われるものではないと知れば、たとえ不快なフィードバックを受けてもその不安に耐えやすくなるものです。キャロル・ドゥエックが指摘するように、自分の限界に到達するということは、新たな成長の機会に巡り合ったことを意味します。[5] その境界線に立つことは恥ずかしいことではないはずです。尊厳教育は、恥の文化の代わりに、人の固有の価値や、成長の可能性や、失敗を隠そうとする誰にでもある本能を乗り越える力などを育む文化を創り出すための認識と知識とスキルをリーダーに与えます。恥をかかされることや無能ぶりが明らかにされることへの恐怖には、それに対抗するための強い力が必要です。尊厳教育こそ、その力です。

尊厳文化には二つの性質があります。一つは、自分たちが明確な基準に従って尊厳を重視した扱いを受けるという期待、そしてもう一つは、みんなが自分の尊厳、他者の尊厳、そして組織の尊厳を保つ責任があるという責任の文化です。その二つが、10の誘惑に陥らないための精神的セーフティーネットを創り出します。健全な尊厳の安定的な力は、自己保存の衝動に勝ります。特にこれは、自分を守ろうとしている人自身が変化を深く必要としているときに言えることです。

『ティール組織　マネジメントの常識を覆す次世代型組織の出現』（鈴木立哉訳、英治出版、2018）の著者フレデリック・ラルーは、組織の性質を変えるためには、組織の意識変革が必要であると言います。[6] 彼は人間の意識を段階モデルで説明しています。これは、自己や世界に対する最も原始的かつ自己中心的で未成熟な理解から始まり、人間のつながりを認識する包容力があり複雑な相互意識で終わります。ロバート・キーガンの研究と同様に、ラルーの研究結果によると、人は現状の自己理解や世界観で解決できない課題に直面すると、一つの意識レベルから次の意識レベルへとシフトします。それは理解力の複雑さを増す次の段階に進めるかどうかの挑戦であり、それには意識の変革が必要となります。

一方で、古い世界観に固執するという選択肢もあります。これは、自分自身の認識の限界を知ることからくる緊張感と不快感に直面しありがちな反応を取るということです。私たちは変化に伴う混乱と不快感よりも、知っている物事の中にいる安心感を選びます。しかし、キーガンとレイヒーの指摘を思い出すことが重要です。「この世に新たな命をもたらすために陣痛が欠かせないように、自らの限界を知って乗り越える人間の発展のプロセスにも痛みが伴います[7]」。

もし、私たちの意識の進化が痛みもなくリスクもなかったなら、きっとすべての人が最も高いレベルに到達していることでしょう。しかし、そのような仕組みにはなっていません。あちらを立てればこちらが立たずという相容れない関係（トレードオフ）に絶えず直面しているというのが人間の真の姿です。**安定性と確実性の欲求にしがみつくのか、それとも勇気をもって適応し変化するのか。**生活の中で対立が生じたとき、ことが上手くいっていないとき、人間関係が壊れてしまうとき、私たちは岐路に立たされていることを知ります。この対立関係において、私たちが見えていないことは何だろうか？　より開かれた意識（より視野の広いレンズを使うことで自分や自分の周りでどんな複雑なことが起こっているのかを見るようになる）を持てば、最も高いバルコニーを見つけ、安心して下が見られるだろうか？

私たちには、成長のプロセスに信頼を寄せる姿勢が求められます。そのプロセスに必要なのは、現在の理解レベルで今まではうまくいっていたけれども、今やその限界が問題を生じさせているのだと考えることです。成長に必要なのは、勇気をもって信頼することや謙虚さです。トレードオフに直面したときに私たちはどうするのでしょうか？　確実性と安定性を選択するのか、それとも私たちが進化途上にある存在であることを思い出すのか？　自分たちがもっと知るべきことや学ぶべきことは常にあります。自分が今「知っている」と思っていることは、その後世界に対するもっと広い認識のほんの一部になるかもしれません。そしてその認識の広がりによって、周りの人たちとの関係はより良好で意味のあるものになり、より大きな全体の一部として自分を見られるようになるでしょう。それを理解する謙虚さを、私たちは持つことができるでしょうか？

組織は、そのリーダーシップの発展段階を超えて進化することはできないとラルーは指摘しています。彼が最も進んだ発達段階として説明しているものは、私が**尊厳意識の相互関係段階**と呼んでいるものと同じです。これは私たち人間が進化する存在であることを認める段階です。言い換えれば、世界を理解するためには絶えず今よりも複雑な方法があると認める段階です。このより広い視野を持つことで、私たちは自らをより広い世界の一部としてとらえ、自分の生活をも、より大きな善に寄与するという目的を持ったものとしてとらえるようになります。

より深い目的意識とのつながりは「Me」の圧政を和らげます。富、権力、ステータスなどの獲得といった外的評価としての成功を求める代わりに、私たちは「I」の深い知恵によって、その目的が何であるのかを認識できるようになり、その目的に従っていけるようになります。

リーダーが尊厳意識を体現することができれば、その組織が**尊厳意識を持った組織**になるチャンスは増えます。しかし、本当の意味で尊厳の文化を創り出すには、リーダーだけではなく組織の構成員すべてが尊厳について教育を受けなければなりません。これは具体的にはどういうことでしょうか？

まず、リーダーシップを取るチームの人たちは、尊厳教育の基礎的な考え方に触れる必要があります。

・尊厳のコンセプトと、尊厳と尊敬の違いについて
・私たちの固有の価値（マンデラ意識によって内在化される）
・どのようにして尊厳を尊重するか（尊厳の10の要素）
・三つのC（自分の尊厳、他者の尊厳、そして自分よりも大きなものの尊厳とのつながり）
・自らの尊厳を侵害してしまう衝動的本能（10の誘惑）

・自己理解（「I」と「Me」）
・尊厳スキル（フィードバックの受け方、行い方、求め方。また、対立関係の修復や傷ついた尊厳の回復方法などの尊厳の守り方）

この学びはリーダーシップチームから始めなければなりませんが、組織のすべての人がこのコンセプトに触れる必要があります。私はビジネス・コンサルタントとして活動していた初期のころ、リーダーシップチームにしか尊厳教育を紹介しないという失敗をしました。

尊厳についての共通した言語と理解がなければ、また、リーダーシップチームや従業員が尊厳を尊重する明確な意思を持っていなければ、組織の中で尊厳の文化が根づいて成長することはないでしょう。理想の自分に少しでも近づくためにどのような行動や反応をするのかについて知恵を絞らなければ、私たちは自らの尊厳を脅かされたと思ったときに自己保存のために本能的に行動することになるでしょう。私たちは、人間の最良な可能性を信じて育む文化に貢献したいのか、それとも、衝動的な反応の奴隷になりながらも、それでもいつか違う結果になるんじゃないかと期待をして生きていきたいのでしょうか?

尊厳文化が成熟するためには、人間がどんな存在なのかについての知識が必要であり、その知識をもとに行動する勇気が必要です。エリザベス・サメットが言うように、信じることの一つの問題は、保証がないことです。[8] 同じことは尊厳についても言えます。尊厳意識を受容することで私たちの生活や組織において対立や分裂がなくなるわけではありません。しかし、尊厳がなければこれからも今までと同様の人間の苦しみを見ることは明らかです。この苦しみを軽減することは、固有の価値、つまり尊厳を無条件に受け入れることによってのみ可能なのです。

# 第13章 みんなのための尊厳教育プログラムを導入する

よりよく知れば、よりよい行動ができる。

――マヤ・アンジェロウ

理想の世界では、組織の尊厳（ディグニティ）文化の土台を作るための教育プログラムにはすべての人が関わっています。しかし、時間やリソースは限られているので、これは必ずしも実現するとは限りません。そのような制限に対処しながら私が開発したプログラムでうまくいったものが、マサチューセッツ州ケンブリッジ市にあるマウント・オーバーン病院で行った「尊厳リーダーシップ・プロジェクト」でした。

このグループとの関わりは、病院の上級管理職医療スタッフ役員会に会ってほしいと医療スタッフ長のアン・ダヴェーナに招かれたときから始まりました。この役員会には各部署の部長をはじめ、CEO（最高経営責任者）やCOO（最高執行責任者）も参加していました。この会合の目的は、プロジェクトを彼らに紹介し、この取り組みを進める許可を得ることでした。集まっていた人たちは事前に『Dignity』を読んでいて、この取り組みをどのように実行して行くかについて意見交換をする用意ができていました。会合が終わるころには、役員会は私が提案したプロジェクトの実行を許可し、ダヴェーナと私は対象者の検討に入りました。

リーダーシップ先導チームには20名が参加することになりました。ダヴェーナは組織のヒエラルキーのすべてのレベルから参加者が出ることが大事だと考えていたので、尊厳について共に学ぶために経営者、医師、看護師、技術者、スタッフ助手、秘書、環境設備サービス部長に声をかけました。このように、組織の様々なレベルにおいて尊厳を熟知している人（私は彼らを尊厳エージェントと呼びます）がいることで今後も継続的に尊厳文化を維持できる可能性が高くなります。

参加者の立場に大きな幅があることにはリスクもありました。なぜなら、立場や権力の差がグループ内で問題となることもあり得るからです。参加者によっては上司や組織の権力者の前で安心して発言できないと感じる可能性もありました。しかし、そのような問題は起こりませんでした。尊厳について共に学んでいく中では驚くようなことが起きます。これまで私が教育者として教えてきた中でも経験したことのない親密さと絆が参加者の間で生まれます。25年に及んで紛争解決を教えてきましたが、尊厳について共に学ぶ経験が育むようなつながりは他で見たことがありません。

これはその内容に鍵があるのかもしれません。例えば、私たちみんなの自尊心がいかに脆いものなのかを理解する、弱さの認識でしょうか。あるいは、尊厳が傷つけられた経験から多くの苦しみが生まれていること、そしてそれを語る言葉を今まで持ち合わせていなかったことへの気づきでしょうか。それとも他者がつらい経験を恥じることなく語るのを聞いて、自分も今まで向き合ってこなかった自身の痛みや苦しみに対して心を開いて優しく受け入れようと思うからでしょうか。

どのような理由であれ、尊厳においてヒエラルキーは存在しないということをみんなが理解するまでに時間はそれほどかかりません。持っている権力や立場の違いにかかわらず、私たちはみんな尊厳が侵害されたときの押しつぶされるような感覚や、尊厳が尊重されたときの喜びと自己肯定感を知っています。

この絆を生み出す現象に初めて気がついたのは、学生にディグニティ・モデルを紹介し始めた時でした。共通の学習経験が参加者の間でこれほど深いつながりを生むとは予想もしていませんでした。この予期せぬ結果がもたらされたのは、初めてコロンビア大学教員養成課程の教養学部（International Center for Cooperation and Conflict Resolution、3章参照）で講座を持ったときでした。[1] この三日間の集中講義は週末に行います。参加者は多様な背景をもっており、留学生も多く参加していました。参加者はお互いのことをほとんど知らない状況だったので、授業が始まったときは、尊厳について学び、それを使って人間関係を修復する方法を学びたいという共通の目標をもっている赤の他人の集まりでした。

私はまずクラスを始めるにあたって、ディグニティ・モデルの基本的な構成要素を紹介しました。その後で、参加者の経験から尊厳の侵害を再現したロールプレイも行いました。ひどく扱われたときの原体験を元にしたやり取りを再現することほど、自分の尊厳が侵害されたときの気持ちを呼び起こすものはありません。ミラーニューロン（私たちの脳の構造の中で他者の気持ちを感じ取ることができる部分）が刺激されるのかもしれません。ロールプレイで再現された参加者のつらい経験を見ていた人は、みんな共感と思いやりを示しました。[2] お互いに対してつながる能力は直接的で本質的なものでした。学習内容の癒しの力にも驚きましたが、尊厳に対する欲求をみんなが持っていることに参加者が即座に気がついたことに、私は大きな驚きをおぼえました。この経験は参加者の間で共通理解の土台を創り出しただけでなく、私たちをより高いレベルに連れていってくれました。

この経験を経て、私は尊厳を最大公約数として考えられると思うようになりました。たとえどんな違いがあったとしても、尊厳はお互いの間でつながりと思いやりを見出す場となります。共に尊厳を認識することは人間関係を高めます。私たちの多様性を越えて一致できる道を示してくれるからです。お互いの違いを理解し尊重することが大変重要であるのと同様に、私たちを最終的に一つにする道も必要です。尊厳こそがみんなを一つにする力です。それは人間なら誰もが切望するものであり、みんなが共感できるものだからです。

ディグニティ・モデルを様々なグループに紹介するたびに、私は参加者の間で結ばれる深いつながりを見て、体験してきました。マウント・オーバーン病院も例外ではありませんでした。参加者は自らの職場で起こる尊厳に関わる経験について心置きなく安心して話すことができていました。

これは、病院での6カ月にわたるリーダーシップ・トレーニングのために開発した尊厳教育プログラムのアウトラインです。

**第1部：ディグニティ・モデルの紹介**

・モデルが開発された簡単な歴史
・リーダーシップにおける尊厳の役割
・尊厳の定義
・尊厳の10の要素

**第2部：尊厳の進化的ルーツを理解する**

・尊厳を維持する難しさ
・10の誘惑
・「I」と「Me」

**第3部：尊厳を侵害されることや尊重されることによるインパクトの理解**

・幼少期に刷り込まれた尊厳侵害が自尊心に及ぼす影響
・弱さと強さの棚卸し（幼少期の経験が尊厳重視のリーダーシップ能力にどのように影響するか）
・ワークグループの尊厳の課題を見極める

**第4部：尊厳スキルによってリードする**

・尊厳を尊重する
・尊厳を回復する（あなたが誰かの尊厳を侵害したとき）
・尊厳を守る（誰かがあなたの尊厳を侵害したとき）
・フィードバックを与え、フィードバックを受ける
・セルフケア

**第5部：壊れた人間関係の傷を癒し修復する**

関係修復のための5段階プロセスの実演：
・安心できる安全なスペースを作る
・ストーリーを語る
・他者と再びつながる
・他者の視点を含めた形で新しいストーリーを作る
・自分や他者に対する新たな発見や学びを言葉にする

## 第6部：組織的課題を見極め、尊厳文化を創り出す機会を見つける

・組織内で尊厳を重視したリーダーシップを発揮しにくくしているシステム的課題を明確にする
・尊厳のトラブルスポットはどこにあるのか？
・尊厳のシステム的な課題をどのように乗り越えるのか？

私たちはこの一連の教育プログラムを終えた後、今度は尊厳リーダーシップチームのメンバーのためのプログラムを作成し、彼らがそれぞれの部署で同じ内容の学習指導を行うことができるようにしました。プロジェクトのこの部分の狙いは、私がいなくても尊厳教育が継続できるように、チームの教育を行うことでした。ダヴェーナは継続してリーダーシップの役割を担い、チームメンバーを組織して、それぞれが尊厳について学んだことを病院の他の人に伝えていくように指導しました。

私の役割が終わってダヴェーナの手にプログラムを委ねてからも、私と病院との関係は続いています。医療従事者の研修会で私の研究内容について話をしたこともありますし、パトリック・ゴードン、ベッキー・ロジディチェ、ステファニー・ペイジなどが指揮する病院のリーダーシップ・アカデミーでも話しました。また、ボストン学術病院医学協会共同代表のアンドリュー・モデストにも招かれて会員にディグニティ・モデルを紹介したこともありま

す。マウント・オーバーン病院は組織全体の中で尊厳文化を作って維持することに積極的な姿勢をもっていると言えるでしょう。

小さな非営利団体での別のプロジェクトでは、先ほど説明した同じ枠組みを使って、経営陣も従業員も、組織のすべての人と関わることができました。ここでも尊厳は格差をなくす効果をもたらしました。数回のセッションを経て、彼らはモデルの基本的な考え方を学び、私がこれから14章で紹介する尊厳スキルとツールを学びました。

今まで私が関わった中で最も多様性に満ちていた尊厳教育プロジェクトはラホヤ・カントリー・デイ・スクールでのものでした。この経験は5章で紹介したものです。ここでは、ゲリー・クラーン校長が教員に対して、カリキュラムに尊厳のレッスンを取り入れるように指示をしています。また、新任教員のためのオリエンテーションの一環としてディグニティ・モデルを紹介するプログラムがあります。新任教員の間では、オリエンテーションの中でこの部分が最も自分たちに大きな影響を及ぼしているとの一貫した評価を受けています。生徒の親も含めた形で行っていることが、彼らの尊厳教育プログラムの成功につながっていると言えます。

尊厳教育プログラムを実行するためには、そこに時間とリソースを投入するリーダーの積極的な姿勢が求められます。クラーンと学校の教育者たちは、尊厳に対する知識と認識を学校に統合する模範を示していると言えます。

尊厳意識はすぐに作り出せるものではありませんし、それを生活の一部とするための多大な献身的努力がなければ組織に浸透することはありません。有害でうまく機能していない行動パターンを変えるには時間がかかります。クライアントにはいつもディグニティ・ワークはスローワークであることを伝えています。また、私の経験からも言えることですが、良い時もあれば悪い時もあることを伝えます。ディグニティ・モデルを使い始めて十数年が経ちますが、今でも10の誘惑、特に誰かが私の尊厳を傷つけたときに挑発に乗ってしまうことには自分でも驚いています。自分が不当に扱われたと感じたときに簡単に陥ってしまう頑固な正義感もよくあることで、自分を正当化して、相手にも同じ害を与えて仕返しをするよう誘惑します。しかし別の日には、自分の衝動を抑えてバルコニーに上がり、自分に必要なより広い視野を持つことができます。これは私の「I」がしっかりそこにいて、正義感と憤りに燃える「Me」を抑えてくれるからです。

もし、組織のすべての人が、自分たちはまだ発展途上であることを知り、尊厳意識を作り上げるには時間がかかることや、私たちみんなが同じ内面的葛藤（生物学的には違う行動を求められている中で尊厳を保とうとする）を抱えていることなどを知れば、相手が10の誘惑のような進化の過程でできた罠に陥ってしまったときにもっと温かな目で見ることができるのではないでしょうか。相手を見て、状況が違えば自分もそうだったかもしれないと思うことができたなら、自分にも起こりうることで相手を裁いてしまわずに、相手とのつながりを保ち続けられます。私たちは誰もが同じ衝動に駆られる弱さをもっています。この真実と向き合うことができなければ、私たちはその奴隷のままです。人間が共通してかかえている葛藤を受け入れることは、私たちの固有の価値と弱さに対する知識、すなわち私たちの尊厳の理解を必要とする選択なのです。

# 第14章　尊厳の強みと弱みを評価する

吟味されざる生に、生きる価値なし。

――プラトン「ソクラテスの弁明」

組織のメンバーが他者の価値を認めそれをうまく相手に伝えているかを評価すること、また個々の人間関係や組織レベルのどの部分でこれらのスキルを向上させなければならないかを見つけることで、組織において尊厳（ディグニティ）文化を作り上げるためにどのような変化が必要なのかが見えてきます。個々の対人関係のレベルでは、尊厳が尊重されるための健全な環境作りのプロセスにおいて、自己認識が果たす役割はとても重要なものです。幼少期に自尊心が深く傷つけられた経験や、それが他者との健全な人間関係を作る上で影響していることを認識して言語化することは、私たちが尊厳を重視したリーダーシップをとるためのカギとなります。組織のレベルでは、すべての従業員の幸福に影響を与える方針決定についてリーダーが評価するために尊厳の枠組みが役立ちます。

個人のレベルでは、私は10章で紹介した弱さの棚卸しを行うことを勧めます。この作業では、尊厳の10の要素を使って、幼少期に自分の尊厳が尊重されたのかまたは侵害されたのかを確認します。また、子どものころに与えられていた主要な人間関係（両親、祖父母、兄弟、先生、クラスメイトなど）の中で自分がどのように扱われてきたのかについて、自らの尊厳ストーリーを振り返ってもらいます。

これらはリーダーシップとどのような関係があるのでしょうか？　尊厳が尊重されたり侵害されたりした幼少期の経験を意識することはなぜ大事なのでしょうか？　**なぜなら、これが自らの価値を理解する土台を作っているからです。**その目的は、親や過去に大きな関わりのあった人たちに責任を負わせることではなく、自分が受けた傷の真実を明らかにすることです。この傷こそ、自分固有の尊厳を受け入れる妨げとなり、他の人を大切に扱えなくしている原因となっているものです。幼少期の経験を振り返ることがなければ、自分が価値のない存在であるという歪んだ思いを無意識のうちに抱えたまま過ごすことになるでしょう。

以前にも触れたように、自らが生まれ持つ価値に対する強い意識を形成するためには、子どもは親や周りの大人からの継続的な愛と思いやりを必要とします。[1] 自らの尊厳が幼少期に「十分な」ケアを受けていなければ、自分を疑う心がその内面を支配するようになり、それは大人になっても継続します。

幼少期の影響に対する認識は、成人してからの人間関係における弱さや不安定さを理解する手助けになります。子どものころと同様の尊厳侵害を大人になってから経験すると、「I思考」でいられる能力が下がり、加害者に仕返しをして対立関係を生みがちになります。その後は「Me思考」が支配的となり、幼少期の傷ついた経験の記憶をもとに、考えずに反応してしまいます。幼少期の経験を新たに大人の視点で捉えなおし、尊厳が傷つけられた経験を言語化することで、私たちは癒しのプロセスを始動させることができます。自分の価値に対する子どもっぽい理解を、より成熟した、知識と自覚的認識に基づいた固有の尊厳理解に置き換えることができます。[2] そうすることでマンデラ意識への扉が開かれます。これはつまり、尊厳は自分自身の手の中にあって誰もそれを自分から奪い取ることができないという理解です。

　最初からこの本で主張してきたように、リーダーは自らの固有の価値を深く知ることで、最も効果的に自分の能力を発揮して組織に仕えることができます。これができない人は他者からの称賛と評価といった外的要因を求め、自らの価値を知ることから来る内なる力や安定性を放棄してしまいます。自らの尊厳の評価を絶えず外的要因に求めるリーダーは、尊厳を重視したリーダーシップの目標（すべての人が組織の中における自分の役割や貢献が認知され、価値を認められ、評価されていると思える環境を作ること）に集中して取り組むことができません。リーダーが自らの自尊心に気を取られていては、尊厳の原則を奨励し模範を示すことはできません。

リーダーにとって自らのうちに強い尊厳意識を持つことが重要であるもう一つの理由は、それがなければ自らの行動に対して責任を取ることが難しくなるからです。自分の価値が疑われているときほど、悪い行いや失敗を覆い隠そうとする誘惑は強くなるものです。自らの尊厳に対する外的脅威から身を守ることに気を取られ、本来取り組むべきリーダーシップの仕事から注意がそれる結果となります。以前にも指摘したように、責任および説明義務の文化と尊厳文化は密接な関係にあります。

弱さの棚卸しでは、尊厳の10の要素を一つずつ見ていきながら、それらが幼少期に尊重されたのか侵害されたのかを考えます。例えば、最初の要素である「アイデンティティの受容」の場合、私は次のような質問をします。「あなたのアイデンティティがあなたにとって大事な人たちに受け入れられていたと思いますか？　どうしても変えることができない自分の特徴のせいで他と違う扱いを受けたと思いますか？」私はここで彼らに、若いころにこの尊厳の要素が尊重されたかどうか1から10まで（10が最も高い）評価をつけてもらいます。アイデンティティの質問に対する典型的な反応は次の通りです。

- 自分は父に本当の意味で受け入れられたとは思いません。彼はいつも息子が欲しいと言っていました。私が女の子であったことを残念に思っていたことは明らかです。
- 母は私に、自分と全く同じようになってもらいたいという願望を持っていました。私には私自身の将来の希望や期待があって、母と同じような願いを持っていないということを、母は理解してくれませんでした。

・私の先生はある生徒たちをひいきしていましたが、私はその中に入っていませんでした。私は先生がひいきしていた生徒ほど成績が良くなかったので扱われ方が違いました。何をしても自分が対等に見てもらえることはないと感じました。先生の前ではいつも劣等感を覚えていました。

・姉は、私がいつも注目を浴びると言って、私に嫌がらせをしてきました。私にスポーツの才能があってサッカーチームのスターだったことは別に私のせいではありません。姉は私の才能を応援するどころか、いつも嫉妬していました。若いころに受けた彼女の有害で卑しい態度によって私は自己不信という傷を負いました。

・違う人種であるだけで、周りの人が私のアイデンティティを受け入れてくれなかった経験は数えきれないほどあります。クラスメイト、先生（すべてではないですが）、日常的に出会う人たちも私に対しての扱いが違いました。若いころ、私は絶えず二級市民のように感じていました。

・冗談でしょ？　成長期に自分がゲイであることがどれだけ大変だったかを話せと言うのですか？

アイデンティティの受容は、尊厳の要素の中でも特に傷つきやすさに関わる要素です。弱さの棚卸しを使って私は様々なインタビューをしてきましたが、結果は一貫したものです。**ほとんどの人は、今までの経験の中で自分にとって大切な人にありのままの自分を受け入れてもらえなかった経験をもっています。**この一貫した反応が示すのは、アイデンティティの問題において私たちがいかに脆くて傷つきやすい存在なのかということと、自らの行動が人に及ぼす影響について意識することがいかに重要であるかということです。

このことは数年前にアイルランドのダブリン市警察庁長官ジャック・ノーランと交わした会話の中で強く印象付けられました。私がダブリンで彼と会ったのは、アイルランドで季節労働をする移住労働者たちを守るために彼と同僚たちが始めた素晴らしいプログラムについて、紹介したいと彼が言ってきたからでした。彼は、移住労働者たちがひどい扱いを受けていると聞かされていたので、そのことに終止符を打ちたいと思っていました。彼が説明してくれたプログラムは、移住労働者たちの尊厳を守る内容に他なりませんでした。移住労働者が尊厳を持って扱われるための彼らの活動に私は感銘を受け、高く評価しました。そこでジャックは私に言いました。「ドナ、私の考え方はこうです。私は人と接するときにいつも自問します。私は相手にどんな気持ちになってもらいたいだろうか?と。私には彼らを最高の気持ちにさせることもできるし、最低の気持ちにさせることもできます。これは意識的な選択の問題なのです[3]」。

人をどのように扱うかは大事なことです。その人の**アイデンティティを尊重することは、とても大事なことなのです。**今までの経験から私は次のように思うようになりました。多くの人は、幼少期に傷つけられた経験を持っています。それは自分が受け入れられていて自分が自分であることを快く思えるかに関わる経験です。そう考えると、自らの固有の価値に対する明確で永続的な実感を持ち合わせている人が非常に少ないことは不思議なことでしょうか？　マンデラ意識に到達できる人はごく僅かなのです。

自らの尊厳における幼少期の刷り込みについて、またそれが私たちの固有の価値を見失わせる効果について、慎重に考えることはとても意味のある経験です。この認識を持つことで人が一晩で変わるわけではありませんが、自らが抱えていた自己不信や自らの尊厳との関係の新たな枠組みを与えてくれることは確かです。

それぞれの要素を一つずつ取り上げることで、私たちは自分に最も大きな影響を与えていたものを知るようになります。私が初めて弱さの棚卸しを行ったとき、私は自分が「**評価する**」の要素に関していかに傷つきやすいかを初めて知りました。

父は私が小さいころほとんど家におらず、いたとしても家族を精神的に虐待していました。アルコールやギャンブルに依存することは、彼自身の力不足や尊厳の欠如に対する彼なりの対処でしたが、そのことによって私や兄弟は深刻な影響を受けていました。

権力の座にある人が自らの尊厳とのつながりを失っていると、その人は往々にして周りの人の尊厳をも侵害します。このことによって私はどのように影響を受けたのでしょうか？大人になってからもしばらく、私は男性の権力者の評価を求めていました。父親からはもらえなかった評価を得るためには何でもしました。弱さの棚卸しをしたり、それをめぐって友人たちと意見交換をすることによって、私は自分が男性の権力者たちに「見てもらう」ために大切な時間とエネルギーをどんなに無駄にしていたかに気がつくことができました。子どものころに評価してもらえなかったことが、私の自尊心に大きな影響を及ぼしていたのだという新たな認識の扉が開かれました。大人になって振り返ると、それが実に大きな損失であり、そのことによって私が絶えず影響されてきたことがわかりました。今は、自分の尊厳が自分の錨《いかり》であること、そして、どんなにひどい扱いを受けたとしても、それが自分に価値がないということではないと知っています。**私たちは自らの尊厳を裏切るかもしれないが、尊厳は決して私たちを裏切ることがない。尊厳はいつもそこにあって、私たちがそれを受け入れることを忍耐強く待っています。**

組織において尊厳の強みと弱みを考えるときにも、同じように尊厳の10の要素を使って尊厳を尊重する組織なのかどうかを見極めます。私は、職場において尊厳がどのぐらい尊重されていると従業員が感じているかを評価する簡単なアンケートを作りました。このアンケートでは、尊厳の10の要素それぞれを別々に取り上げながら、「1から10で言うと、この職場であなたのアイデンティティはどれほど受容されていると思いますか？」といった質問をしています。このアンケート結果は、その後で行うインタビューの出発点として用いられます。

この査定によって、私たちは組織の「尊厳ホットスポット」（この呼び名は私の友人である組織コンサルタントのデイブ・ニコルが名付けました）を確定することができます。これは、仕事面で特定の問題（侵害）に対して従業員が継続的に警鐘をならしている事柄です（なので実際は尊厳侵害ホットスポットと言うこともできます）。例えば、以前にも書いたように、私が関わってきた多くの組織では「安全」の要素が尊厳のホットスポットとなっています。自分の尊厳が傷つけられたときに、多くの従業員はリーダーからの否定的反動（悪い仕事評価を受けたり仕事をやめさせられたりするなど）を恐れて安心して声を出すことができないと言います。

また、もう一つよく見られる尊厳ホットスポットは、平等やアイデンティティに関するものです。自分のアイデンティティのせいで会社が自分を平等に扱ってくれない、と何らかの理由で従業員が考えることはよくあります。最もよく耳にするのはジェンダーに関係する話です。女性はよく、給与面で対等に扱ってもらうには不利であると報告しています。

組織のリーダーシップチームは、自分たちが決定する運営方針が、従業員の尊厳にどのような影響を及ぼすのかを考慮するとよいでしょう。尊厳の10の要素を参考にしながら、自分たちの決定が具体的にどのような結果をもたらすのかを考えれば、従業員の反応も予測できるようになります。この方針は人を公平に扱っているだろうか？　この方針は会社の構成員に帰属意識と一体感を感じてもらうために役立っているだろうか？　従業員の自主性をこの方針は重んじているだろうか？　彼らは、自分たちが細かいところまで管理され職場で絶えず監視されているように感じるのか、それとも自主的で創造的な仕事をするための自由と自治を感じるだろうか？　この方針は、働いている人たちの善良性を信じたものなのか、それとも人は信頼に値しないという前提に立っているものなのか？　この方針は従業員の関心事を認めそれに答えているだろうか？　職場で起こるシステム的な尊厳の侵害を言語化し正していくためには、このような問いに向き合う必要があります。

弱さの棚卸しは、尊厳に関わる弱みを確認することに役立つだけではなく、いかにリーダーが尊厳を尊重することに長けているかを測るために使うこともできます。例えば、次の質問を投げかけるとします。「子どものころ、あなたの尊厳はどのように尊重されましたか？」このことを考えることで、相手は自分が幼少期に受けた良い扱いと、現在の生活で相手の尊厳を尊重する力とのつながりを自覚することができます。

あるマネージャーのインタビューで、尊厳の10の要素を見てもらいながら、彼の幼少期に最も尊重された要素はどれかを聞いたことがあります。彼はすぐに　公平性、良い方に解釈する、理解するという要素を選びました。彼は、子どものころに両親が彼と妹を公平に扱うことに徹していたと話してくれました。彼や妹が（または二人とも）悪いことをした時でも、両親は何があったのかを子どもに説明させ、子どもたちがなぜそのようなことをしたのかについてより深く理解するように努めたそうです。彼はこのことを今まであまり意識したことはなかったけれども、今になって思うと職場で人を公平に扱うことや人の善良な動機を信じることには長けていると思うと話しました。また、部下について何か悪いことがあってもすぐに決めつけることはせず、むしろ、何がどうして起こったのかについて深く掘り下げる、と言っていました。これは、幼少期における尊厳に対する刷り込みが、その後の人生において他者の価値を尊重する能力に結び付いている良い実例です。

尊厳が子どものころに尊重または侵害される経験は、私たちの自尊心にきわめて大きな影響を及ぼすだけではなく、相手を価値ある存在として認める力量にも影響を及ぼします。多くの人は尊厳を重視したリーダーシップの要素を取り入れるために努力をしなければなりませんが（例えば、幼少期に受けた傷によって私たちが他者をも傷つけてしまう弱さを抱えていることの自覚を持つこと）、ある人たちにとってはそれはごく自然にできることです。どちらにしても、私たちは自らの強みと弱みを認めることで、より思いやりのあるものの見方ができるようになります。そして、私たちみんなが共通して持っている目標、他者とつながりたい、尊厳を手に入れて守りたいという願いに対して、より優しいまなざしを持つことができるようになります。

# 第15章　尊厳の傷と向きあう

痛めつけられてきた人が必要としているのは、自分が耐えてきた苦しみを認識してもらうことだ。

――デズモンド・ツツ大主教

ディグニティ・モデル（尊厳モデル）を組織に紹介することは、教育的な取り組みです。ほとんどの人がこの内容に一度も触れたことがないという前提に立つと、まず取り組まなければならないのは尊厳の基本的な構成要素を学ぶことです。基本を押さえたら、次のステップは、この新たに学んだ言葉と知識を、尊厳を尊重する文化の妨げとなっている未解決の課題に当てはめていくことです。

以前にも指摘したことですが、私はよく職場での対立関係の問題がきっかけで組織に声をかけられます。そうした時には、まずディグニティ・モデルの基礎を紹介した後で、尊厳の強みと弱みを見極めるための査定を行います。これは個々の対人関係でも組織内の問題でも同様です。過去にあったことなどの聞き取りをしてから、放置されてきた尊厳の傷についても明るみに出します。

尊厳の侵害の場合、「傷ついた心や気持ちは時間とともに癒される」ということわざは該当しません。ツツ大主教と一緒に北アイルランドで一つのプロジェクトに関わっていたときに彼が言っていたように、尊厳が傷つけられたときに人が最も必要としているのは自分が耐えてきた苦しみを認めてもらうことです。これがなければ過去の傷から自由になることはないでしょう。しかし、「認める」とは具体的にどんなことを指すのでしょうか？

尊厳の侵害を認めるとは具体的にどういうことかと尋ねてみても、驚くことに、それに答えられる知識を持っている人はあまりいません。繰り返しになりますが、私たちは尊厳を持って生まれてきますが、それを生活の中で表していくすべを知りません。**尊厳スキルは学ばなければなりません。**ここでシステムにおける尊厳の侵害（組織の方針や活動が原因で起こる尊厳の侵害）を認める方法と、個々の対人関係で起こる尊厳の侵害を認める方法を説明します。

## 組織としての尊厳侵害を認める

8章で、ある会社が経営不振に陥り倒産を免れるために、経営陣が従業員に給料の減額を申し出た話を紹介しました。従業員が快くこれに応じたことで会社内には強い団結が生まれました。不安定な時期に「団結して共に打ち勝つ」精神が彼らを支えました。

しかし、会社が持ち直したときに、経営陣が従業員には給料のカット分を払わず自分たちにはボーナスを出したことで、この精神は一変しました。従業員は裏切られた思いを抱き、私が関わったころにはこの対立問題で社内の空気はとても悪くなっていました。私は、従業員の苦情を受け止めてそれに応える必要があることを経営陣に説明しました。彼らはそれが具体的にどのようなことを意味するのか説明を求めてきたので、彼らのためにいくつかの認め方のオプションを作成することにしました。従業員が気分を害していることを経営陣が単に認めるバージョンから、もっと踏み込んだ責任の所在を認めて謝罪し今後はこのようなことがないように努力する約束を含めたバージョンまで提示しました。[1]

以下が、彼らに提示したオプションです。

**オプション1：自分たちにボーナスを支払った行為が従業員にとって尊厳を侵害された行為だと思われたことを認める。**

私たちはこの場を借りて、経営陣が自らにボーナスを出したことに対して皆さんからの苦情があることを認識しているとお伝えします。難しい局面にあったときに我々は皆さんに「一致団結して打ち勝ちましょう」と呼びかけました。ですからその後で我々が自らにボーナスを出したことが皆さんには不平等に思え、合意が裏切られたように思われたと認めます。また、皆さんとの合意や関係における影響を十分考慮せずに我々がボーナスをもらう決断をしたのではないかと皆さんが思っていることも認識しています。

### オプション2：自責や同情心をもってこのことを認める。

私たちはこの場を借りて、経営陣が自らにボーナスを出したことに対して皆さんからの苦情があることを認識しているとお伝えします。難しい局面にあったときに我々は皆さんに「一致団結して打ち勝ちましょう」と呼びかけました。ですからその後で我々が自らにボーナスを出したことが皆さんには不平等に思え、合意が裏切られたように思われたと認めます。また、皆さんとの合意や関係における影響を十分考慮せずに我々がボーナスをもらう決断をしたのではないかと皆さんが思っていることも認識しています。私たちがボーナスを受け取ったことに対して、皆さんが裏切られた、不公平に思えた、十分に皆さんに及ぼす影響を考慮しなかったと感じられたことは遺憾であります。

### オプション3：謝罪をもって認める。

私たちはこの場を借りて、経営陣が自らにボーナスを出したことに対して皆さんからの苦情があることを認識しているとお伝えします。難しい局面にあったときに我々は皆さんに「一致団結して打ち勝ちましょう」と呼びかけました。ですからその後で我々が自らにボーナスを出したことが皆さんには不平等に思え、合意が裏切られたように思われたと認めます。また、皆さんとの合意や関係における影響を十分考慮せずに我々がボーナスをもらう決断をしたのではないかと皆さんが思っていることも認識しています。自分たちの行動に関して、また皆さんに与える影響を見通せなかった事実について謝罪いたします。

**オプション4：謝罪とともに責任の所在を認める。**

私たちはこの場を借りて、経営陣が自らにボーナスを出したことに対して皆さんからの苦情があることを認識しているとお伝えします。難しい局面にあったときに我々は皆さんに「一致団結して打ち勝ちましょう」と呼びかけました。ですからその後で我々が自らにボーナスを出したことが皆さんには不平等に思え、合意が裏切られたように思われたと認めます。また、皆さんとの合意や関係における影響を十分考慮せずに我々がボーナスをもらう決断をしたのではないかと皆さんが思っていることも認識しています。私たちの決定は間違ったものであり、皆さんとの関係を壊してしまったことを認めます。自分たちの行動に関して、また皆さんに与える影響を見通せず皆さんとの関係を壊してしまったことについて謝罪いたします。

**オプション5：謝罪し、責任の所在を認め、自らの行動を変える約束をする。**

私たちはこの場を借りて、経営陣が自らにボーナスを出したことに対して皆さんからの苦情があることを認識しているとお伝えします。難しい局面にあったときに我々は皆さんに

「一致団結して打ち勝ちましょう」と呼びかけました。ですからその後で我々が自らにボーナスを出したことが皆さんには不平等に思え、合意が裏切られたように思われたと認めます。また、皆さんとの合意や関係における影響を十分考慮せずに我々がボーナスをもらう決断をしたのではないかと皆さんが思っていることも認識しています。私たちの決定は間違ったものであり、皆さんとの関係を壊してしまったことを認めます。自分たちの行動に関して、また皆さんに与える影響を見通せず皆さんとの関係を壊してしまったことについて謝罪いたします。私たちはこの問題を修復するための措置を取り、今後は別なアプローチを取ることを約束します。

私は経営陣にこのオプションを提示しました。従業員にとって最も満足のゆく内容はオプション5であることははっきりしています。そこまで踏み込まなくても、他のどのオプションを選んだとしても従業員との対話の道を開くことに役立ったでしょう。しかし残念ながら、このケースでは、どのオプションも真剣に検討されませんでした。

## 個人として尊厳侵害を認める

私が開発したもう一つの実践訓練は、尊厳を傷つけられた個人の苦しみをどう認めるかです。この作業は問題のあったときの被害者や加害者を中心としたものではなく、傷ついた人を助けようとする第三者に焦点を当てています。例えば、誰かがあなたに声をかけて最近傷ついたときの経験を話したとします。あなたはどうすれば良いのでしょうか？

ＳＴＥＰ１：その人に何があったのか聞いてどんな尊厳の侵害があったのかに耳を傾ける。

**聞き手**：スーザン、怒っているようですが、何があったんですか？

**被害者**：今朝、何カ月も前から私が責任者として取り組んできた大プロジェクトの会議に出席していました。私の上司が新しく採用された人を紹介し、これからは彼がこのプロジェクトを指揮すると報告しました。上司はこれほど才能ある人が一緒に働いてくれることを大変喜んでいて、プロジェクトもこの人の責任で進められることできっとより良い結果が出せると確信していました。突然の発表に私は不意打ちされました。私がこのプロジェクトの責任から外されることを上司は事前に伝えてくれませんでした。その段階まで私がやってきたことについては言及もされませんでした。会議の前に一言話してくれて心の準備ができていたらこれほど傷つかなかったかもしれません。でも、私は意思決定から外されたように思い、その上、同僚の前で恥をかかされた思いでした。その発表の意味するところは、私がその任に適していないということでした。

**STEP2**：もっと詳しい内容を求めて追加質問をする。

**聞き手**：あなたから新採用の人にプロジェクトの責任者が変わることを、会議の前に何も知らされていなかったということですか？（注意：私はこの人に「このことをあなたはどう感じましたか？」と聞くことはしませんでした。尊厳の侵害は人の気持ち以上のものです。）

**被害者**：新採用の人がプロジェクトに加わることは知っていました。しかし、上司はその人を責任者にすることは教えてくれませんでした。なぜ上司がそんなことを私にしたのかわかりません。私の仕事内容に不満であったことは一度も口にしませんでしたし、プロジェクトがうまく進んでいないとほのめかすこともありませんでした。正直、泣きたいぐらいでした。

**STEP3**：ひどい扱いをされたことを認める。

**聞き手**：それはひどいですね。あなたがそのような扱いを受けなければならなかったことを私は悲しく思います。

**被害者**：そう言ってくれてありがとう。本当にひどいと思いました。

**STEP4**：どのように扱われたかったのかを被害者に聞く。

**聞き手**：その状況で上司がどのようにしてくれればよかったと思いますか？

**被害者**：少なくとも、彼女がどのようなことを予定しているのかについて私に話してもらいたかった。できれば、上司が私とプロジェクトについて話をし、合意の上で、プロジェクトに新たな視点をもたらすために新しい人を迎えることを決められればよかったと思います。意思決定に私を加えてくれたなら、私はこれほど傷つかなかったと思います。私はきっと問題解決に加わっていたでしょう。逆に、私は恥をかかされ、安心して彼女と接することができなくなりました。

STEP5：今必要としていることは何か、これからどうしたいのかを被害者に聞く。

**聞き手**：スーザン、今あなたが必要としているものは何ですか？　これからどうしたいですか？（注意：私が彼女の問題を解決しようとはしません。）

**被害者**：私の話を聞いてくれて本当にありがとう。とても励まされます。自分がちゃんと認めてもらった気がします。気持ちがもう少し落ち着いたら上司に話しに行きたいと思います。何か違和感があるときにはフィードバックをくれるようにと、彼女は私たちに以前伝えていました。ですから、私はフィードバックをするスキルを磨き、彼女との対話の道を開いていきたいと思っています。ここに私と一緒に居て支えてくれて本当にありがとう。以前の私なら、自分の胸の内にしまっていたと思います。でもあなたと一緒に自分に起こったことを振り返ることができて本当に助かりました。

この認識の実践訓練における聞き手の目的は、尊厳を侵害された人が自らの経験した傷に向き合い、それを確認するプロセスを促すことです。

貧困にあえぐ人に直接的なヘルスケアサービスを提供する国際的非営利組織、Partners in Health の共同創立者であるポール・ファーマーからは重要なことを教えられました。彼は「寄り添い」というアプローチを大事にしています。[2] 専門家として現場に介入し、患者のために問題解決をするのが自分の仕事ではない、というのが彼の考え方です。むしろ、自分は付添人（acompagnateur：健康と幸福を見出すための旅路に寄り添う人）だと考えます。これは、患者の弱さを意識して注意をはらいながらヘルスケアを提供する方法です。寄り添いモデルは私たちが尊厳において対等であるとの考え方に基づいています。最も助けとなるのは、人々が自らの力で回復できるように一緒にいて手助けすることです。癒しの関係において、非対称的な力関係はありません。

誰かが尊厳を侵害されたとき、私はいつも聞き手の役割を付添人であることだと考えます。聞き手としてのあなたは、侵害を受けた人がたどる癒しのプロセスに同伴し、何をすべきかを教えるのではなく、その人がすでに知っていることを、そこに共にいることを通して確認します。あなたはそこにいることによってその人の尊厳が侵害されたことを認め、その痛みを正当なものとして認めるのです。あなたは問題解決の提案をするためにそこにいるのではありません。あなたは聴き、共感し、癒しのつながりを持つためにそこにいるのです。

最後に、認識の実践訓練についてもう一つだけ指摘したいことがあります。聞き手がしてはならないことは、被害者に自分も同じような経験をしたから理解できると言い、自分の経験を話し始めることです。私たちは本能的にそのような反応をしてしまうようです。つまり、自分にも同じように尊厳が侵害された経験があると被害者が知ることで何かの助けになると考えてしまうのです。しかしそれははっきり言って何の助けにもなりません。それを話すことで物語の中心はその人にではなく自分にすり替えられてしまいます。こうなると被害者は自らの意識をあなたの方に向けなければなりません。認識の実践訓練はあくまでも被害者が自身に何があったのかを物語るときに寄り添うのが目的です。話の焦点をその人から自分にすり替えることで繊細な癒しのプロセスを中断してしまうことになります。あなたが伝えるべきことは、その人があなたの関心の中心にあることです。あなたがそこにいるのは、その人の経験が痛みを伴うものであったこと、またそれが別な形（尊厳を守る方法）でなされるべきだったことを受け止めるためなのです。

# 第16章　尊厳を重視して現在と未来の対立を解決する

対立とは、その関係の何かが変わらなければならないことを示すシグナルです。——著者

私がいろいろな組織にシェアしてきた尊厳（ディグニティ）活用ツールの中でも一番役に立つもののひとつは、グループ同士の対立を修復するための方法です。対立は、職場で日常的に起こることであり、なかなか避けられないものです。グループ間で生じる困難を手助けするためのプロセスがちゃんとあれば、その関係が成長する機会にもなります。この章の冒頭で紹介した言葉の通り、対立はその関係において何かが変わらなければならないことを暗示しています。尊厳の枠組みで対立関係を捉える知識を持つことで、同僚との対立関係に陥ったときにも安心して声を上げられる健全な文化を保つことができます。対立関係を調整する知識はリーダーシップの課題であり、これは自然に身につくものではありません。尊厳に関わるすべてのことがそうであるように、対立の根幹に関わる事柄に目を向けていくには、学びが必要です。

### 尊厳を守る

多くの人は、自分の尊厳が侵害されたときに、相手に対して声を上げることに抵抗を感じます。特に相手が自分よりも力のある人の場合はそうです。私たちは自分が声を上げないことに対して次のような言い訳をします。「このことで無駄なエネルギーを使いたくない」「どうせあの人は自分にとって大事ではない」「もし問題を口にしたら事態が悪化するかもしれない」。しかし、再び傷つくことを恐れて対立を避けるのが10の誘惑の一つであることを思い出してください。尊厳を侵害されたときに相手に立ち向かうことがとても難しく感じるのは当たり前です。生物として私たちは何としても自らを守ろうとするからです。

しかし、健康的な人間関係における対立の対処方法は、そこから逃げることではありません。私たちに傷を与えた振る舞いについて、私たちの尊厳を侵害した相手と話し合う必要があります。ここではそのために役立つステップを紹介します。これは声を上げる前に行うものです。

・声を上げる行為は大変困難だが、不可能ではないこと、またその考えに慣れるためには練習が必要かもしれないことを自分自身で認める。
・友人や同僚とロールプレイをすることで練習してみる。自分で準備ができたと思えたら、自らの尊厳を守るための次のステップに進む。

## どのようにして自分の尊厳を守るのか？

STEP1：尊厳が傷ついたことを自分自身が認める。

・あなたの「Me」が、傷ついていることによって仕返しをしたり、または関係から身を引いたりしたいという思いになっていることを認識する。

・90秒ルール（瞬間的に感情を左右する脳内物質の分泌はおよそ90秒で収まる）を思い出しながら、体中に充満しているストレスホルモンがそれなりに収まるのを待つ。停止ボタンを押して怒りが収まるのを待つ。

STEP2：仕返しから内省へとデフォルト反応を修正する。

・バルコニーに上がることをイメージする。挑発に乗って同じような害を相手に返すことがないように「I」が主導権を取らなければならないことを認識する。

・自問してみる。「私のしたことが、このうまくいっていない関係の原因になっていないだろうか？　私が気づかずに相手の尊厳を侵害していたということはないだろうか？」（注意：たとえ相手に何かをしてしまったとしても、あなたが尊厳を侵害されたことには変わりありません）

STEP3：加害者に反応する。

・自分にも対立関係の原因があると思ったら責任を取る。「私が〇〇〇と発言したことであなたを傷つけたかもしれない。そのことを申し訳なく思っています」（ここで「しかし」という言葉を使って自分が受けた侵害について話してはなりません。「しかし」という言葉を使ってしまうことで、それまでのあなたの謝罪の努力が無駄になってしまいます）。少し待って相手が反応するチャンスを与える。

・次に、あなたが傷ついたことについて言及する。「あなたは気づいていないかもしれませんが、会議であなたが私について言ったことで私は傷つきました。（そのときのことを説明）。あなたとの関係は私にとって大事なものです。もし私があなたの発言をそのままにして、その発言について私がどう思っているのかを話さなければ、私たちの関係が壊れるのではないかと心配しています。自分の発言のインパクトがどれほどのものであるかをあなたが自覚していなかっただけだと、私は良い方に解釈したいのです」

私の経験では、加害者にこのようなアプローチをすることは大変効果的です。相手との関係を大事に思っていることや、相手の行為がどれだけ人を傷つけるものなのかを本人が理解していなかったと良い方向に解釈したいと伝えると、その意外性によって相手はある程度フィードバックに心を開いてくれます。あなたがその人との関係を大事に思っていることや良い方向に解釈したいと言うことは、相手にはとても意外なことのはずです。むしろ、逆にあなたが反撃してくるのではないかと警戒していたと思います。また、相手の尊厳をあなたが侵害した可能性についてあなたが責任を認めることも予期していなかったでしょう。あなたの深みのある人間的な反応（私が「奇襲攻撃」と呼んでいるもの）こそが、尊厳侵害によって瞬時に作動する行動（苦しい関係や加害者の人間的な弱さから自分を切り離すこと）に対して有効なのです。

「Me」が主導権を握っていて、ストレスホルモンが戦うか逃げるかの判断を促そうとしている状況で、このような行動に出るのはほぼ不可能であることは言うまでもありません。バルコニーに数回上がる、または友人や同僚とロールプレイをして、相手と対面する練習をするのがとても役立つでしょう。

## グループ間の対立と向き合う：尊厳対話

あるマネージャーに頼まれて、彼の下で働くチームの間で続いていた二つのグループの対立関係に関わったことがあります。一つのグループはＩＴ部門で技術的な役割を担い、もう一つのグループは顧客対応に当たっていました。この二つのグループの得意分野が全く違っていて重なり合う部分が少なかったので、彼はこの二つのグループの間に友好的な関係を築くことに苦労していました。彼は私が他の部署で尊厳に関わるワークショップをしていることを聞き、彼のチームを二分している課題を解決することに協力してくれないかと依頼してきました。彼は対立関係の根底に尊厳の問題があるのではないかと思っていました。

私はグループ同士が対立関係から脱することができるように、私が「尊厳対話」と呼んでいるものを開発しました。この方法論はハーバード大学での恩師ハーバート・ケルマンの研究にヒントを得たものです。国際紛争の社会心理学的な側面に注目する社会心理学者として、彼は対話型問題解決アプローチを開発し、それを使ってイスラエル人とパレスチナ人を対話の席に引き合わせました。このアプローチは、対立関係の根底にある人間の満たされない心理的ニーズに焦点を当てます。[1] この方法論を応用して、私は放置された尊厳侵害に注目しました。尊厳侵害が放置されると、お互いのグループが対立をやめられない原因になります。

尊厳対話は、対立に向き合うときの教育的なアプローチです。お互い仲が悪いグループと一緒に仕事をするとき、私は彼らがほとんど尊厳について何も知らないということがすぐにわかります。しかし、尊厳が自分たちにとって大事であるということにはみんな同意します。

尊厳対話の第一歩は、前にも詳しく説明したディグニティ・モデルの基本的構成要素を学ぶことです。この構成要素には尊厳の定義、マンデラ意識、尊厳の10の要素、三つのC、尊厳を侵害する10の誘惑、「I」と「Me」の自己理解が含まれています。この第一段階では、対立しているグループのメンバーが**尊厳について一緒に学びます**。このことにとても意味があります。私が参加者に伝えるのは、この最初の段階ではみんなが「尊厳の学習者」というアイデンティティを共有しているということです。ディグニティ・モデルの基礎を学び終えるまでのしばらくの間は、他の自分のアイデンティティ（例えばＩＴ部門であるとか、顧客対応であるとか）を保留にするように伝えます。

このステップでは寸劇を通して体で尊厳侵害の再現をします（このことは13章で説明しています）。そして、幼少期に尊厳が侵害されたときのことを話してくれる人を募ります。私があえて幼少期の話を求めるのは、幼少期の経験には強い力があり、その後の人生で自尊心に大きな影響を及ぼすからです。また、幼少期に受けた侵害経験に焦点を当てることは、現在から意識を離す効果があります。現在も進行している事例では、両者が敵対している関係の中で共感するのが難しいということがあります。

寸劇での再現をする目的の一つは、お互いに対するごく自然な共感の力を回復させることです。[2] グループ同士が敵対して、まず始めに失われるものは共感です。関係が遮断されることによって敵対的な「我々vs.相手」のメンタリティが生み出されます。ハーバード法科大学院の同僚ダン・シャピロはこれを「部族現象」と呼んでいます。[3]

尊厳を傷つけられた辛い経験を再現した寸劇を見ることでミラー・ニューロンが刺激され、私たちは他者の侵害経験の痛みを自らに感じ取ることができます。[4] 対立によって失われていた共感する力が回復され、敵対者を自分と同じ一人の人間として見ることができるようになります。

他者の苦しみを見る経験は、私たちを深いところでゆり動かします。苦しみをこの目で見ることは、誰もが持つ苦しみの経験へとより深くつながっていくのではないでしょうか。さらに、人間であることとの悲劇的な側面に目覚める瞬間にもなるのではないでしょうか。みんなが本当に繊細だということ、なのに私たちはお互いをそのようには扱っていないという現実に気づくのではないでしょうか。ふだんは、私たちは自分の周りで起こっている尊厳侵害に目をつぶって生活することができます。しかし、誰かがひどい扱いを受けたという実体験と直に向き合ったときには、目をそらすことが難しいものです。

対面した形でやり取りすることのパワーを最も説得力のある形で伝えている例は、アムネスティ・インターナショナルが作成した『Look Beyond Borders』というビデオです。[5] このビデオは、４分間のアイコンタクトが深い人間的つながりを生み出すことができると証明します。人間がもし他者の中にある生きた経験に目を向けて耳を傾けたならどんなことが起きるのかを強く実証するこの作品をぜひ見ていただきたいと思います。

学びの共有と、尊厳が侵害されることによってもたらされる痛みと苦しみに対する共感によって、対話を始めるための場が作られます。この対話のファシリテーター（進行役）はファシリテーション・スキルの基本的トレーニングを受ける必要があります。次に、参加者がディグニティ・モデルの構成要素を学んだ後で行う「尊厳対話」の典型的な流れを紹介します。

**セッション1：尊厳対話を紹介する**

このセッションでは、対話の目的は二つのグループの関係を強めることにあると参加者に説明します。この共同作業は、私たちが「尊厳の学習者」として学んだことを使いながら、尊厳の枠組みをもとに進められると説明します。

**話し合いのための基本ルールを設定する。**最初のルールは守秘義務です。みんなが許可しないかぎり、誰が何を言ったかをセッション外で話してはいけません。第二のルールは、理解するために聴き、理解されるために話すことです。参加者には自問してもらいます。「あなたは人の話を聴いていますか、それとも自分が話す機会を待っていますか？」この後でいつも参加者にその他に基本ルールにしたいものがあるか聞きます。

**共有される尊厳目標を定義する。**基本ルールについて合意した後、最初の作業に入ります。目標は参加者が一つのチームとして協力して「尊厳目標」を定義することです。目標の枠組みを作るために、参加者は尊厳の10の要素を使います。最初に、チームの大まかな目標を決めます（例えば、顧客が会社のサービスを受けるために技術的に効率がいい方法を提供する）。次に、尊厳を推進することがいかに彼らのチームワークの成果に貢献できるかを明確にします。

**セッション2：グループ毎に尊厳の課題を明確にする**

このセッションの目標は、二つのグループの関係で起きている問題を明確にすることです。

対立関係を修復しようとする時によくある失敗は、関係が壊れた原因をはっきりと理解しないままに問題の解決を急ぐことです。間違いを「直す」衝動は切実なものです。しかし、問題を生み出し悪化させるものが何であるかについての正確な認識がなければ、どんな解決策も対立関係の完全な終結に結びつくことはありません。その代わりに、尊厳をもとにしたアプローチの場合、次のステップは双方が経験した尊厳侵害の経験を見つけ出して明確にすることです。

セッションの冒頭で、どちらかのグループのメンバーが職場のやりとりの中で経験した尊厳侵害を説明するように求められます。一人一人が自分のストーリーを語る機会を与えられます。彼らには、人の名前を持ち出さない形で、自分がどのような傷つく経験をしたのか詳しく説明するよう言います。その間、もう一つのグループは静かに座って聞くように、質問は説明をよりはっきりと理解するために限るように言います。この時間は、課題について討論するためではなく、相手側がどのようなことを経験したのか耳を傾けてより深い理解を得るためのものです。

グループ1が自分たちのストーリーを語り終えると、グループ2の人に自分たちがグループ1の話から聞き取った要点（相互の関係の中で彼らが経験した尊厳侵害）をホワイトボードに書いてもらいます。グループ2がボードに自分たちが聞いた内容を書いている間、グループ1は彼らに対して話をしたり間違いを指摘したりすることはできません。グループ2が聞いた内容をリストにした後で、グループ1は文言の修正をすることができます。

次にグループ2が自分たちのストーリーを語り、人間関係において尊厳が侵害されたように思えた経験を説明します。グループ2についても、上に述べたようなステップ（ストーリーを語る、相手側から内容が繰り返される、リストが修正される）が繰り返されます。

**セッション3：ストーリーに反応する**

この時点まで、ファシリテーターは各グループにセッションで出てきた様々な課題について議論したり応援することはさせません。このセッションは、今まで聞いた内容に反応し、より深い理解を得るための時間であり、まだ問題の解決策を出す段階ではありません。このセッションの目標は相手方が経験した尊厳侵害の説明を聞いて、それぞれのグループがそれを受け止めたり謝罪したりするための場を提供することです。これは両者に、相手の不快な行為に対して相手を非難するというデフォルト反応の代わりに、自分たちが相手を傷つけたことに対して責任を取るというチャンスを与えるものです。

**セッション4：解決策と新たなステップを見つける**

このセッションは、「相手との関係をより良いものにし、相手側の人たちの尊厳を侵害しないために、私たちの側では何ができるだろうか？」という質問から始まります。このセッションの目的は、今まで課題としてあげられたことに対して解決策を見つけることです。ここまでの段階で、お互いがそれぞれに耐えてきた侵害についてより深く理解しているはずです。ですから関係の修復に当たるためのステップは、尊厳文化を守り促進させるための枠組みによって進められます。例えば、重要な決断が一方的になされているという苦情があるとすれば、相手方は特に「仲間に入れる」努力をします。グループ同士で、尊厳の10の要素に基づいた新しい「関わり方のルール」を取り入れます。

## セッション5：最初に決めた尊厳目標と、尊厳対話の経験を振り返る

最後のセッションでは、ワークショップを始めるときに各グループが作成した尊厳目標を振り返って、変更したい部分があるかどうか考えてもらいます。また、尊厳対話を経験してみて自分たちや他のグループについて学んだことを振り返ってもらいます。最後に私は、「ワークショップで経験したことの中で何があなたに一番大きな影響を与えましたか?」と質問します。それぞれの人が答え、他の人はそれを聞きます。その他、ワークショップを通して自分が感じたことがあればそれも話してもらいます。

尊厳教育プログラムを組織がまだ取り入れていなかった場合には、この尊厳対話ワークショップは通常二日かけて（最初の日は尊厳教育の基礎的な部分で、二日目は尊厳対話）行います。

ウィンストン・チャーチルの言葉を思い出します。「批判は気持ちのいいことではないか

もしれないが、必要不可欠だ。それは人間の体における痛みと同じ役割をする。現状では不健康な実態に私たちの関心を向けてくれる」。対立関係と向き合うためのプロセスと方法を設けることや職場での建設的な批判を受け止めることは、尊厳を尊重する健全な文化の欠かせない要素の一つです。

組織が、対立が起こったときの対処方法を制度化することに力を注げば、その対処プロセスは標準化されます。対照的に、もし対立を避けてネガティブな感情がうずいたまま放置されれば、職場環境は有害なものとなり、人々は安心して声をあげられないように思い、自分たちが問題だと感じていることが認識されず議題に取り上げられることもないと感じてしまいます。受け止めて聞いてもらえるプロセスがなければ、傷ついた人たちは加害者の陰口を言い、職場環境はネガティブな空気になります。マシュー・ファインバーグ、ジョーイ・チェン、ロブ・ウィラーが見事にこのことをまとめています。「噂話は広範囲な、効率の良い、低コストな罰の形である」[6]。『Behave: The Biology of Humans at our Best and Worst』（前出）の著者ロバート・サポルスキーは、「噂話（恥をかかせることが目的）は弱い者が強い者に対して使う武器である」と言います。[7] ダニエル・カーネマンは次のように言います。「なぜ私たちは噂話に関心を寄せるのか？　自らの失敗を認識するより、人の失敗を見つけてレッテルを張る方がずっと簡単だし楽しいからだ」[8]。もし、自分が問題だと感じていることが認識されて取り上げられると実感できるメカニズムが制定されていれば、尊厳を侵害した人をさげすむような話をする誘惑は根底からなくなるでしょう。

対立に対処する規準（メカニズム）を設けることこそ、みんなにとって安心な文化（安心して声を上げられる、認識される、人を傷つけた行為に対しては責任を取る）を維持することにつながります。最も重要なのは、このメカニズムが他人の目からしか見られない自分の姿についても学ぶチャンスを与えてくれることです。私たちは誰もが盲点を持っているため、尊厳意識を持つ人間として成長し続けるためには他の人の視点が必要なのです。

対立と、そして健全な形でそれに対処する方法がなければ、私たちの成長は停滞したままになります。もし私たちが成長や活躍を望むなら、自分自身と周りの人たちの尊厳を守る力をさらに伸ばすためにも、自らの前に鏡をかざされることが必要です。

# 第17章　尊厳の誓約

成功している優れたビジネスは、ほとんどの場合、世界とそこに住む人々の生活にポジティブな影響を与えようとするような、より深くて超越的なものを目的としている。
——ボブ・チャップマンとラジ・シソディア

私が今まで関わってきたほとんどの組織は、健康で幸福な職場文化を作るために尊厳（ディグニティ）が重要な役割を果たすという考えを受け入れてくれました。私がいつも強調するのは、尊厳は人々に影響を与えるだけでなく、組織がそこに属する人たちのために意味と目的を作り出す力にも大きな影響を与えるということです。尊厳の基本は三つのC（自分の尊厳とのつながり、他者の尊厳とのつながり、自分よりも大きな存在の尊厳とのつながり）です。もし組織が「尊厳の文化」を作ることに真剣に取り組むならば、尊厳の三つの側面は隙間なく一つに織り合わされます。

尊厳に真剣に取り組むときちんと表すために私が組織に提案するのは、尊厳の三つの側面を尊重する職場環境を作るという意思表明の文面を作成することです。

数年前になりますが、人間関係に悩んでいたある組織のために簡単な尊厳誓約書を作成しました。その後、私はクライアントに尊厳を尊重する誓約とはどんなものなのかを紹介する時に、この誓約書を使っています。組織はこれを自分たちが作成する誓約文のひな型として使うことができます。

**尊厳誓約書**

私たち（組織名）は、自らの組織において以下の原則を守ることで尊厳文化の創出を志します。

**尊厳が大事**　私たちは尊厳意識を重視した企業として、自分自身、お互い、そして顧客の皆さまを、その固有の価値と組織にとってのそれぞれの重要な役割に敬意を示す形で扱うことの重要さを認識しています。

**アイデンティティが大事**　私たちは、従業員や顧客の固有の価値に対する認識を組織のブランドや企業イメージの中心に置く組織であり、皆さんにそのような組織の一員であることを誇りに思ってもらいたいと思います。

**リーダーシップが大事**　私たちの企業のリーダーは、尊厳を持ってリードすることを志し、自己の振り返りや説明責任を果たすことを通した学びの文化を推進します。

**人が大事**　私たちの企業は、従業員がお互いに尊厳を持って接するように志し、自己の振り返りや説明責任を果たすことを通した学びの組織文化を推進します。
**人間関係が大事**　私たちの企業は、すべての部署との強い関係をめざし、尊厳という土台の上にその関係を作り上げることに真剣に取り組みます。
**職場環境が大事**　私たちの企業は、人々が意欲をもって働き、仕事や人間関係に喜びを感じられる企業です。私たちは、人が報復を恐れずに安心して声を上げて意見を聞いてもらえるような職場環境を作ることを目指しています。
**対立関係が大事**　私たちの企業は、対立はごく普通に起こることであり変化の必要性を知らせるサインであると認識しています。私たちは対話のプロセスを確立することで、対立が尊厳を尊重した形で対処され、人の関心事が受け止められ認識されるように努力します。また、会社の継続的成長の鍵とは、対立に対応することや変化を受け入れることだと認識しています。

ノートルダム大学のケロッグ国際関係研究所は、素晴らしい尊厳誓約書を作成しました。研究所所長のパウロ・カロザ事務局長とスティーブ・ライフェンベルグのリーダーシップのもと、私たちはすべてのスタッフのための尊厳プロジェクトを導入しました。プロジェクト前半で尊厳教育の内容を学習した後、彼らは課題を与えられました。尊厳を尊重する文化を創出する志を示す宣言文の作成です。彼らが考え出した内容は次の通りです。

**私たちの仕事における人間の尊厳**
**ケロッグ国際関係研究所のスタッフが採用した原則**

ケロッグ研究所は、私たちが行うすべてにおいて人間の尊厳を尊重することを目指す場所です。私たち一人一人の尊厳が、共に働く人や仕える人たちの尊厳と相互依存関係にあることを認識しつつ、私たちは研究所の使命（研究、教育、学び、世界やノートルダム大学への奉仕）を通してすべての人の尊厳を前進させることに努めます。そのため、私たちが個人として、またコミュニティとして仕事に方向性を見出すために次の原則を採用しました。

1. 私たちは、自らに与えられた仕事に真剣に取り組むことが、自らの尊厳と直接結びついていると認識しています。その仕事とは、私たちがなすことすべてに意味を見出し、最高のものを目指すこと、専門家として絶えず学びと発展を求めること、そして研究所の使命に建設的な貢献をすることです。
2. 私たちは、同僚をはじめ、研究所に関係するすべての人（学生や来訪者も含む）の尊厳を尊重することに努めます。お互いを固有の価値を有する対等な存在として、公平に、正直に、オープンに、そして信頼をもって接します。

3. 私たちは、みんながお互いに対しての尊敬を育むコミュニティを作り、それを維持することに努めます。それぞれのメンバーの貢献や担う責任を価値あるものとして評価し、メンバーがその役割を果たすための創造性や自主性などの力をつけ且つ高められるコミュニティを目指します。

4. 私たちは、自由で開かれたコミュニケーションができる職場環境を目指します。メンバーが安心して声を上げ、共通の課題だと思うことを話題にし、また、お互いに寛大な心をもって丁寧に声を聴きあう職場を作ることを志します。

5. 私たちは、この原則に照らして、何か問題のあったときに双方が説明責任を果たせるように努めます。私たちはすべての人の尊厳を尊重する力を継続的に高められるようにお互いの成長を支え合うことに努めます。

ケロッグ研究所の「尊厳の原則」は、組織の目的と尊厳の相互関係をよく表しています。三つのつながり（三つのC）もよく反映されています。この誓約は自分の尊厳、他者の尊厳、そして自分たちよりも大きな存在の尊厳を尊重するものです。（「私たちは研究所の使命（研究、教育、学び、世界やノートルダム大学への奉仕）を通してすべての人の尊厳を前進させることに努めます」。）ケロッグ研究所は今も、様々な形で尊厳を保持し守ることを意識して活動しています。

私たち人間の置かれている境遇を考えれば（脅威を感じたときに人とのつながりを選ぶよりも本

能的な自己保存の行動に走ることも含め）、最大公約数である尊厳を選択してそれにコミットするには、一人一人の精一杯の努力が必要です。私たちが直面する内面的なチャレンジは厳しいものです。E・O・ウィルソンが指摘したように、私たちが古代から引き継いでいる思考の構造は、どっちつかずの辛い人生を生きるように設定されています。[1] 私たちは自己保存本能（「Me」の横暴）の支配を許すのか、それとも運転席に「I」が座り続けられるように抵抗し、高い次元にとどまり続けて人間のより良い性質の影響のもとで決断できるようにするのか？正しいことを行うためには意識的な選択をしなければいけません。特に私たちの本能が「自分こそが最もよくわかっている」と主張する状況下では意志の力が必要になります。

『モラルを育む〈理想〉の力――人はいかにして道徳的に生きられるのか』（渡辺弥生＋山岸明子＋渡邉晶子訳、北大路書房、2020）の著書の中でウィリアム・デイモンとアン・コルビーは、人の理想（誠実さ、謙遜さ、忠実性など）に対する強い関心こそが、道徳上の決断に重要な影響を与えると主張しています。[2] これは当然のことに聞こえるかもしれません。しかし、この主張は、道徳上の判断は人間の生物としての本能に駆り立てられた行動であるという、近年増えている研究への反論なのです。[3] 著者たちの言葉を引用すると「新しい科学的見解によくみられる特徴は、道徳上の選択がたいてい不合理であること、ほとんど（めったに）道徳的理解に基づいていないという主張です[4]」。

デイモンとコルビーは、道徳的思考における生物学的な力（本能）の役割を否定しているわけではありません。彼らが主張したいのは、道徳的思考に影響を及ぼしているのは本能だけではないということです。彼らの著書ではその例として何人もの人たちを紹介しています。難しい道徳的判断をしなければならないときに内面で働く本能の力にもかかわらず模範的な行動をした人たちです。進化的遺産の「引力」に抵抗することは難しいですが、不可能ではありません。

　教育と理想の実現を目指す努力こそが私たちの行動を方向づける大きな役割を持つと、デイモンとコルビーは精力的に主張します。「ほとんどの日常的行動は自動的で反射的なものです。しかし、どんなルーティーンも癖や直感も、意識的な学びに恩恵を受けている部分があります」[5]。教育は、人間の道徳的生活の一部である本能を管理することに役立ちます。教育によって育まれる理想と美徳が私たちの決断に方向性を与え、それによって私たちは正しいことを行うためにエンパワーされます。彼らが注目する三つの理想（誠実さ、謙遜さ、忠実さ）は、尊厳ある生活を送るための要素と一致しています。さらに、尊厳を尊重することは誰もが志せる普遍的な理想であると私は付け加えたいと思います。私は世界中を飛び回ってきて、尊厳について関心を持たない、または自分の生活にとって尊厳が重要ではないと考える人に会ったことがありません。

　尊厳との関わりについて自らを教育することは、自分についての理解、また尊厳を保とうとするときに抵抗しなければならない勢力についての理解を深める第一歩です。自らの、そして他者の尊厳を侵害する10の誘惑がその勢力です。私たちが進化による負の遺産をもって生まれてきたことは私たちのせいではないかもしれません。しかし、この誘惑を知り、理解し、より進化した意識を使ってこれらをコントロールすることは私たちの責任です。尊厳を支えるのは自制なのです。

組織は、より高い尊厳意識を持てるようにメンバーを助ける力を持っています。誓約書を作成して、従業員が意識的に尊厳に対する責務を果たそうとする文化の定着に努力することは、組織の成長にも大きく役立ちます。私たちは多くの時間を職場で過ごします。そうであれば、尊厳がもたらす様々なチャレンジを共に乗り越えるためにその時間を使わない手はありません。

ボブ・チャップマンとラジ・シソダは著書『日々の出来事　Everybody Matters』の中で、ボブが自分の会社（バリー・ウェミラー社）でCEOとして、職員の生活をよりよくするためにできるだけのことをするという誓約を紹介しています。「成功している優れたビジネスは、ほとんどの場合、世界とそこに住む人々の生活にポジティブな影響を与えようとするような、より深くて超越的なものを目的としている」[6]。著者たちは「尊厳」という言葉を使っていませんが、私はこの本を読みながら、バリー・ウェミラー社は尊厳を尊重する環境であること、またチャップマンが尊厳を重視したリーダーであることを何度も実感しました。彼は、自分の下で働く人たちをケアし彼らの固有の価値を認めることをいつも意識し、日常的に自らが大事にしている価値（尊厳を尊重する）に則した選択をしていました。

リーダーシップがこれほど意識的に成熟していない組織においても、尊厳誓約書は「関わり方のルール」を明確にします。誓約書は、文字で記され同意を得た文書として、すべての人に明確な責任を求め、特に権限を乱用する可能性のある人を正します。誓約書はすべての人に説明責任を求めるものです。

デイモンとコルビーが言うように、私たちの周りには自分より大きな何か（社会正義、平等、真実、謙遜、人間を超えた超越的な存在への信仰）のために人生を捧げた人が多くいます。彼らは、自分のための目的よりも深い何かに動かされていました。彼らには尊厳の三つのつながりが揃っています。彼らは、自らの価値が他者の尊厳や、より大きな善の尊厳につながっていることを知っていました。尊厳維持の理想にコミットすることは、みんながで きるものなのでしょうか？　デイモンとコルビーが言うように、思慮深い教育さえあれば、私たちは正しいことを行う力を身に付けることができます。

# 第18章 尊厳の学びと実践を標準化する

We can do better. もっとよくなれる。

尊厳（ディグニティ）教育を組織に紹介するといつも同じ反応を受けます。「私たちの抱えている問題をあなたは言葉にしてくれた」。常識のように思えることですが、なぜ光を当てるまでにこれほどの時間がかかったのでしょうか。

私に言えることは、尊厳の問題は幼いときからずっと私につきまとっていたということです。子どものころにも、ひどい扱いをされているという重圧を感じていました。暗い気持ちになっているのは私だけではなく、尊厳侵害はどこにでもありました。私にはそのとき自分の経験を言葉で表すだけの洗練された認知力がありませんでしたが、それでも子どもなりの直感ではっきりとわかっていました。もっと良い方法があるはずだ、と。しかし、私が目覚めたのは、尊厳侵害の壊滅的な被害をより大きなスケールで見て、経験したときでした。人が民族や組織の尊厳を取り戻すために進んで戦争に行き、何年にも渡る激しい対立と苦しみに耐えるのを見て、私はこのことをどうにかしないといけないと思うようになりました。10年以上、様々な人や組織と働いてきましたが、私は自信をもって言うことができます、今よりもっとよくなれる、と。

私たちは自分の幸福を脅かすものに対して、多くの場合は無意識に傷つけるような反応をしてしまいますが、この行為を避けることを学ぶ能力も持っています。自己保存の衝動を抑える方法を学習し、自分や他者の尊厳を保持することを選択できます。そうです。私たちにはよりよい道がありますが、そのためには尊厳教育に関心を向けなければなりません。人間関係を通して生じる様々な課題に対処することや、世界の人々とどのようなつながりを持ちたいかについて意識的に決断することは可能です。他の人が変わることを期待するのではなく、自分自身の能力に対する期待値を高めることが私たちの責任です。

私たちはただ自然に本が読めたり、ものが書けたり、様々な知的偉業をなしとげるわけではなく、ましてや、自然に楽器を弾いたり、自転車に乗ったり、優れたアスリートになるわけでもありません。これらのことを学んで腕を磨くためにどれぐらいの時間やエネルギーを費やすでしょうか？　もし私たちが、自分たちについて学ぶことに同じような努力を費やすなら、また尊厳を受け入れて他者との良好な関係を作るために何が必要であるかを学ぶなら、もっと愛と喜びに満ちた世界、対立が少ない世界になるでしょう。「尊厳を意識した組織」は、収入を得るための場所としてだけではなく、自己啓発と成長の機会を提供する文化になるでしょう。またそういう組織は、尊厳（自分、他者、そして組織の尊厳）を尊重し維持することで他者とのつながり方を学ぶ実験場としても意味を持つでしょう。

では、私たちが学ぶべきスキル、人と人とのつながりの中に自然と組み込まれなければならないスキルとはどんなものでしょうか？　尊厳を推進し守ることのできる個人、またそのような組織の文化は次のようなことができます。

1．**自らの、そして他者の尊厳を尊重する。**尊厳を意識した文化は尊厳の10の要素をもとに組織の「関わり方のルール」を明確にする（1章参照）。

2．**必要なときには、自らの尊厳をスキルと人間性をもって守る。**尊厳を意識した文化では、人は挑発に乗らないことの重要性を理解し、尊厳の侵害が起きたとしても相手にやり返す行動を避ける（16章参照）。

3．**フィードバックを行い、受けとめ、求める。**尊厳を意識した文化に属する人たちは、すべての人に盲点があることを認識し、自分では見えないことを見るために他の人の目が必要であることを知っている（7章参照）。

4．**尊厳を重視して対立を修復する。**尊厳を意識した文化では、対立を人との関係において何かが変わらなければならないことのシグナルととらえる（序章参照）。

5．**他の人の尊厳を侵害したときは責任を取る。**体面を保とうとすることはかえって代償が大きいことを理解しなければならない。尊厳を意識した文化は、面目を保とうとすることには信頼が失われるリスクが伴うことを認識している（11章参照）。

スキルを身に付けることに加えて、尊厳を意識した組織文化は、知識を積極的に実践に移す意志を示します。このようなリーダーシップを取る人は、大きなチャレンジを引き受けることになります。外部要因としては、尊厳教育に触れてこなかった人たちが、尊厳実践を制度化し標準化することに抵抗しようとします。組織コンサルタントのディック・ココッザが指摘するように、多くの組織は自らの戦略的目標を達成することに集中しているため、尊厳の尊重がその目標に織り込まれていなければ、従業員の尊厳を守ることが組織の利益から外れたものとして扱われる恐れがあります。[1] この本で繰り返し見てきたように、リーダー自身の内部的要因も同様に大きな障壁となります。

尊厳意識に移行する道は険しいかもしれません。なぜなら、そのために既存の文化の力や人間が進化の過程で得てきた本能的な力に抗う必要があるからです。しかし、その向こう岸に到達したときにはリスクよりも見返りの方がずっと大きいことがわかります。人々が進んで声を上げ、本来の自分を表現し、既存の知識や常識の限界を越えようとするところには、安全と自由が待っています。自己保存の執拗な衝動に駆られるのではなく、継続的な成長と発展に貢献することができます。みんなが求めているものを当たり前のことにできれば、私たちはもっとよくなれます。みんなが求めているものは、みんなが大事な存在として扱われ、それぞれの価値が認められ、そのままの自分が受け入れられる世界で共に生きることです。

# 第19章 人類、ただいま向上中
## ――尊厳を重視したリーダーシップの報酬

いつの日か、私たちは風を究め、潮の満ち引きや重力をも知り尽くす。そして、私たちは愛のエネルギーを手に入れて人類史上二度目の「火の発見」をするのだ。
――ピエール・テイヤール・ド・シャルダン

２０１６年に、私はハーバード大学神学校での尊厳（ディグニティ）ワークショップを頼まれました。対象は「変革的リーダーシップとスピリチュアルな発達：持続的な平和の実践者としての自らの能力を育てる」（訳註：ここでいう「スピリチュアル」は人格の核をなす深い精神性を示す）というコースに出席している大学院生のグループです。コースの一環として、主催者のエリザベス・リー・フッドからは、自分のスピリチュアルな成長と、それが私の紛争解決の実践にどのような影響を与えたのかを語るように言われました。

私は、個人的に大きな洞察を最近になって得たことを皆さんに説明しました。この25年間、国際紛争の分野で働いてきましたが、自分が最も興味を持っているのは対立ではなく愛であることに気づいたのです。基本的に対立というものは愛が欠落しているところに生まれるのだということがわかるのには時間がかかりました。世界の暴力と苦しみに終止符を打ちたいのであれば、愛することのスキルを向上させなければなりません。

尊厳の中心にあるのは愛です。この10年間、私は対立をめぐる自らの仕事内容を、新しい目で新しい枠組みを通して見直し、キャリア的にも個人的な生活においても新しい段階へと進んできました。私はディグニティ・モデルを作り、尊厳の尊重を通して自らが学び、理解し、教育し、愛を実践する者としての志を新たにしています。

そのように言うとずいぶんシンプルに聞こえますが、私の歩んできた道には紆余曲折がありました。そして今になって最終的に私が確信していることは、愛とは単なる感情よりもはるかに大きなものであることです。バーバラ・L・フレドリクソンの素晴らしい本『LOVE2.0 あたらしい愛の科学』（松田和也訳、青土社、２０１４）からは、愛と尊厳のつながりを示すために必要な裏付けを得ました。[1] 彼女は、二人の人が本質的な形でつながるときの人間の体の反応（ポジティブなエネルギーの共感と呼んでいます）を説明しています。彼女によると愛はつながりです。二人の人が一緒に快適なひとときを過ごすことを彼女は「愛」と呼びます。何年間も「愛」の科学の研究を重ねてきた彼女は、人との本質的なつながりが、信頼や忠誠心、一緒にいたいという願望やまたその他の健康に良好な効果を生み出すと言います。

もし愛がつながりなのであれば、尊厳が尊重される経験こそがつながりを生み出します。14章で紹介したダブリンの警察長官ジャック・ノーランの力強い言葉を思い出します。彼は自分の言葉が科学的に証明されるとは思っていなかったでしょう。しかし彼が「私はこの人にどんな気持ちになってもらいたいのだろうか？」と自問するとき、彼は尊厳を重視して人を扱うことと人が愛され大切にされている実感を持つことを結び付ける深い知恵を示していました。フレドリクソンがはっきり述べているように、愛は誰に対しても、赤の他人に対しても、表現することができます。相手の尊厳を尊重することは、愛を表現する手っ取り早い方法です。

私が自分のスピリチュアルな成長について学生たちに話した内容は、尊厳の尊重がとてもスピリチュアルな行為であることを私が確信しているということでした。スピリチュアリティはつながりに他なりません。グレゴリー・フリッチオーネが指摘するように、「スピリチュアリティは、「愛」というたった一つの言葉に集約され説明することができる。それはつながりという感覚や力として体験される。スピリチュアルであるとは、他の同じ人間やこの世界、また自分たちよりも大きな何かとの愛のつながりを意味する」のです。[2]

三つの尊厳のつながり（三つのC：自分の尊厳、他者の尊厳、そして、自分たちよりも大きな存在の尊厳とのつながり）を尊重することはスピリチュアルな生活を送ることの中心にあります。尊厳を尊重して生きることは、私たちを謙虚にさせながら、同時に世界を広げてくれます。喜びを与えながら、同時に内省を促します。魂を外に向かわせながら、同時に内には深いやりがいを感じさせます。この三つのつながりがそろえば、すべてのものが広がって行きます。

　私の友人であり同僚でもあるエヴリン・リンドナーは「愛」を再定義する必要があると言います。彼女も、愛は単なる感情以上のものであり、自らの生活やこの世界のすべてを秩序立てる原則であると感じています。[3] 力強い・激しい・大きい愛こそが、様々な形の恥や屈辱に対する一番の特効薬です。癒しをもたらすものは愛です。同時に愛はスキルであり、原則的なルールであり、組織など人々が密集するあらゆる場所の制度的な枠組みです。愛にはパワーがあると彼女は言います。そのパワーは利用することもできれば無駄にすることもできます。今こそ、愛と尊厳の力で、不必要な苦しみに終止符を打つときなのです。

　しかしこれらの力は教育なくして活用することはできません。愛と尊厳が開花するために必要な環境を作る志と能力のあるリーダーも必要です。マイア・サラヴィッツとブルース・ペリーが言うように、私たちに与えられているギフトは可能性であって保証ではないのです。[4] たとえ人間が愛とつながりを求めるようにできているとしても、私たちがこれを習慣にし、生き方にしていくには時間と労力が必要です。

　この本は、人間の繁栄と発展をもたらす職場環境を作るために組織が有する力と可能性に、スポットを当てる試みです。マーティン・セリグマンをはじめとするポジティブ心理学の研究は、幸福感、幸せな生き方、人間の成長などの理解に大きく貢献してきました。しかし驚くことに、彼の書いたものには尊厳という考え方が一度も登場しません。[5] 彼が提唱する幸福の5つの要素は、肯定的な感情、愛着・絆、意味、肯定的な人との関係、そして達成です。しかし、自らの価値をしっかりと自覚していることはどうでしょうか？　自らの尊厳が自分の手の中にあって、誰もそれを自分から取り去ることができないという知識は含まれないのでしょうか？　ポジティブな人間関係を作るときに尊厳が果たす役割はどうなのでしょうか？　私の考えでは、自己受容（ありのままの自分を受け入れること）にしっかりと根差していることがなければ、本当の意味で深い幸福感を経験することはできません。この本で紹介してきたように、尊厳を意識する組織はセリグマンの5つの要素にも通じています。このような組織は、人が生き生きと暮らすために必要な感情の土台を、人々や組織の中に作り出します。[6]

想像してみてください。もしより多くの組織のリーダーが、尊厳を重視してリードすることやみんなの価値を守り育む文化を作ることに本気で取り組むならば、私たちはお互いを大切にする関係をもっと長く、もっと上手に続けていくことができるでしょう。組織と職場環境は、尊厳ある形で人とのつながりを育てるプラットフォームになり得ます。私たちの自己保存本能を刺激することなく、むしろ私たちが生まれながらにして持っている欲求（お互いに相手を大切な存在とする関係）を育む場となりうるのです。

私の希望は、より多くの組織のリーダーが「尊厳教育」に出会って触発され、自分なりの三つのCを見つけることです。尊厳への取り組みの制度化は、まず尊厳の大切さを認識することから始まります。そしてみんなにそれを教え、この高い目標を維持するために必要な努力を惜しまないことです。人類がこのより高い目標に向かって進んでいくためには、最前線で尊厳をもって尊厳のためにリードする人たちが必要なのです。[7] トリニティ・バレー・スクールの3年生たちはすでにこの挑戦に取り組んでいます。あなたはどうしますか？

# 本書をよりよく理解するために

1．ヒックス先生の考える尊厳の定義とは何ですか？　尊厳と尊敬は同じものですか？

尊厳と尊敬は同じではありません。これは尊厳というコンセプト（概念）を人や組織に紹介するときに一番よくみられる誤解です。尊厳とは、私たちが生まれながらに持っているもの、つまり生まれながらの価値です。子どもが生まれた時を考えればよくわかります。その子に価値があるかどうかに疑問の余地はありません。実際、私たちはその赤ちゃんをとても大切なかけがえのない存在だと言うでしょう。私たちはかけがえのないものをどのように扱うでしょうか？　最大限の気遣いと注意を払うのではないでしょうか。私たちは皆生まれつきこのような気遣いと注目に値するにもかかわらず、一方では尊厳の侵害に対してとても傷つきやすいのです。ですから、尊厳を尊重して他者に接することは、相互関係の基本ラインになります。自分で何もしなくても、私たちは尊厳にふさわしい存在です。一方で尊敬を得るためには何かをしなければなりません。もし私が誰かを尊敬すると言えば、その人は私の尊敬に値する何か特別なことをしたということになります。私はその人を高く評価し、自分が目指すロールモデルだと考えます。

2．尊厳意識とは何ですか？　なぜそれが大切なのですか？

正当に扱われ、安心することができ、自らの存在と価値を認められる人間関係を持ちたいという私たちの欲求に尊厳がいかに大きな影響を与えているかについて、多くの人は全く気づいていません。尊厳を尊重する方法を学べば、強固で健康的な人間関係と永続的な幸福感生み出すことができるようになります。尊厳意識は、私たちが自分の人生を存分に生き、周りの人たちの幸せにも貢献するための内面的な感情の足場を作ってくれます。

3．ヒックス先生は国際的な和平交渉や紛争解決が専門ですが、国際的な対立と日常的な職場での出来事はどのようにつながるのですか？

人間は不当な扱いを受け、尊厳が侵害されると、自分の安全を脅かす存在に反応するようプログラムされています。自己保存本能が刺激され、侵害してきた相手に対して仕返しや復讐を欲します。この人間的反応は、他者からの脅威を感じた時には時と場所を選ばず常に起こります。この反応は親密な人間関係、家族、職場、そして国際関係でも起こります。尊厳に対する攻撃は水に流すことが難しいものなのです。

4．尊厳を尊重することが、特にリーダーシップを取る立場の人にとってどうしてそんなに重要なのでしょうか。

リーダーは、人のベストな状態を引き出す文化の創出に大変重要な役割を果たします。リーダーは自分が率いる人々の尊厳を尊重することと同時に尊厳に配慮した方針を作り出さなければなりません。尊厳意識を職場での日常に定着させるためには、リーダーシップチームが尊厳意識を共有する必要があります。それは尊厳を尊重する行動の見本になることやすべての従業員に対する影響を考慮した文化の創出によってなされます。

5．人の尊厳を尊重するのはとてもシンプルなことに思えます。従業員に配慮しないリーダーとはただ単に悪い人間なのでは？

尊厳を尊重するというのはそう単純なことではありません。私たちは皆尊厳を持って生まれてきますが、尊厳をいかに行動に移すかを生まれつき知っているわけではありません。それは学んで身につける必要があります。私の経験では、尊厳意識の欠如は人々がお互いの価値を認め評価するような接し方を学んでいないというだけのことです。私が関わったリーダーたちのほとんどはいい人でした。悪気があるわけではなく、尊厳の理解に立った健康で肯定的な人間関係の作り方を知らないだけなのです。

6．リーダーによる職場の人々への尊厳侵害とは、どのような場合が多いのでしょうか。

職場での尊厳侵害について従業員から最もよく聞かれるのは、安全（尊厳の10の要素の一つ）の侵害です。これは従業員が身体的な安全を感じられないという意味ではありません。職場で何かあった時に声を上げられるような心理的な安心感が得られないのです。彼らは上司やリーダーによる尊厳の侵害について声を上げることを恐れています。もし声を上げれば悪い勤務評定を受けたり極端な場合は解雇されたりするのを恐れているのです。

7．「有害な職場」ということをよく聞きますが、それにはどのように対処すればよいのでしょうか。この場合、尊厳はどのように関係するのでしょうか。

有害な職場とは、暗黙のうちに（ときには公然と）尊厳の侵害が許されているような状態の職場です。言語化されていない基準によって、管理職と従業員の間また従業員同士の間での相手を傷つけるようなやり取りが許されてしまいます。このような職場では、尊厳侵害のもたらす影響が理解されずに常態化しています。尊厳に関するさまざまなことへの無知が職場の文化を支配することで、従業員は傷つき不満を持つようになります。

8. 職場が尊厳の問題を抱えているという兆候はどのようなものですか?

二つあります。対立と陰口です。私の経験では、職場での対立のほとんどは根元的な尊厳の侵害が放置されていることに端を発しています。陰口の強固なネットワークは、尊厳侵害の負の影響がそのまま陰口へと向かってしまうことを示しています。これは、何か嫌なことがあった時に人々が声を上げるのを恐れているためです。マット・ファインバーグとその同僚たちは「陰口は広がりやすく効果的で安上がりな懲罰の形態である」と書いています。自分の尊厳を侵害した相手に面と向かうのが怖いときは、陰口が仕返しと復讐を求める方法の一つになります。

9. あなたは対立の解決にあたって、共通理解ではなく「もっと上からの視点」が必要だと言っていますが、それはどういう意味ですか?

対立の核にある尊厳侵害をしている人は、深層にある自己保存本能に動かされています。

この自己保存本能は人の最悪の部分を引き出してしまいます。私たちはもっとましな行動ができるはずです。私たちに必要なのは、尊厳の理解に基づいてお互いのやり取りをもっと高いレベルに引き上げることです。尊厳こそが私たちが本当に求めているものであり、私たちの共通分母です。このより高いレベルに到達するための道が尊厳意識です。

10. 尊厳重視のリーダーシップの鍵となる要素のひとつが「責任を取る」ことですが、これはなぜ重要なのですか?

これは人間が生まれつき持っている自己保存本能(尊厳を侵害する10の誘惑)に関わっています。自分が失敗をすると、自己保存本能は責任を回避しようとします。他の人の目に悪く映ることは何としてでも避けたいことなのです。そして本能は正直さよりも隠すこと、嘘をつくこと、他の人のせいにすることを勧めてきます。私たちは尊厳意識を持つことで、この深層にある本能を乗り越え、自分のしたことの責任を取り、それによって自分の尊厳を維持できます。

11. リーダーが尊厳を重視して人に接する技術を学ぶのは大切なことですが、同時にリーダーには自分が決める方針が尊厳を尊重したものであるようにする責任もあります。このことを説明してください。

リーダーが尊厳重視の文化を作りたければ、個人間で尊厳を尊重するスキルを持つだけでなく、尊厳を尊重した方針を作る重要性をも考慮することが大切です。トップから下される組織全体としての決定に関わる人は、自分たちの決定が従業員全体に影響することをよくわかっておく必要があります。例えばある方針が組織の一部のグループだけに有利だったり、あるグループを差別するものだったりする場合、その方針が組織内の不満を増幅させ、有害な職場環境のもとになります。

12. この本を通してリーダーたちに伝えたいことをひとつあげるとしたら何ですか?

リーダーたちには、そのプロフェッショナルとしての技術と経験を積んで今のポジションに至るまでにどれほどの時間とエネルギーを費やしてきたかを考えてみてほしいと思います。そのほんの一部を尊厳について学ぶために使ってもらえれば、良いリーダーであるだけでなく素晴らしいリーダーになる可能性が広がっていくことでしょう。

# 訳者あとがき

ジェフリー・メンセンディーク

日本の読者の皆様にこの本を紹介できることを嬉しく思います。なぜなら、この本には今までの教育システムに抜け落ちていた大切な洞察が含まれているからです。ヒックスの「ディグニティ・モデル（尊厳モデル）」は〈尊厳〉というつかみにくい概念を日常生活の中に落とし込んで可視化しているという点で画期的なものです。〈尊厳〉と聞いて、はじめは身構える人もいるかもしれません。しかし、これが私たちの日常生活の中で経験する普通の事柄だと理解すれば、次第に身近な問題として考えられるようになります。そして、今までの人間関係を新たな視点で見ることができるようになります。

ドナ・ヒックスはハーバード大学教授であり、Weatherhead Center for International Affairs研究者、そして世界各地で紛争解決に当たってきた経歴を持つ心理学者です。20年を超える紛争解決の経験の中から「ディグニティ・モデル」は生まれました。対立している人たちを話し合いの席につかせる中で、ヒックスは両者の間に「言葉にならない会話」が交わされていることに注目しました。それは深く感情的なもので、自分は相手から人間として見られていないという不満が双方の根底にありました。ここに尊厳の問題が隠されていると彼女は考えたのです。

ヒックスが尊厳について最初に出した本（"Dignity"）は尊厳を具体的に考えるための枠組みとして「ディグニティ・モデル」を紹介するものです。「ディグニティ・モデル」は主に紛争地域の人々の物語から見えてきたパターンを体系化して作ったもので、「尊厳の10の要素」と「尊厳を侵害する10の誘惑」の二部構成からなります。前半では「尊厳の10の要素」を、後半では「尊厳を侵害する10の誘惑」を一つずつ取り上げ、自身の経験や学者としての分析を交えながら説明しています。例えばスリランカを訪れ、シンハラ人とタミル人の紛争解決にあたった時の彼女自身の経験として、難民キャンプを訪れた際、子供たちの置かれている状況の過酷さに思わず泣いてしまい、カトリックのシスターに抱きしめてもらったエピソードなどが紹介されています。ヒックス自身が、生身の人間として尊厳の問題に向き合う姿を正直に描いているところが彼女の本の大きな魅力だと私は考えます。

本書はヒックスが尊厳について手掛けた二冊目の本です。この本には、前書にはなかった二つの特徴が見られます。まず、本書は尊厳を理解するリーダーを意識して書かれています。前半で「ディグニティ・モデル」の構成要素を説明し、後半では尊厳を守るためのスキルや、組織内で尊厳を守る方法などを提示しています。複数のケース・スタディを紹介しながら、どんな対立関係にも尊厳の問題が潜んでいることを明らかにしています。彼女曰く、この本は尊厳を守りたい人のためのハウツー本です。二つ目の特徴は、彼女がコンサルタントとして関わったアメリカの企業をはじめ、様々な組織（学校、病院、NGO）が抱える問題への対処や教育的取り組みの実例が紹介されていることです。海外の紛争地域で培った経験がアメリカ国内の組織で注目を集めるようになったのです。

私が「ディグニティ・モデル」を知るきっかけとなったのは、2013年の春にアメリカで参加したトラウマ理解のためのセミナーです。その2年前、私は当時住んでいた仙台で東日本大震災を経験しました。震災直後から被災支援活動に携わる中で私の世界観は大きく揺さぶられ、「人間とは何だろうか?」という根源的な問いについて考えるようになりました。その問いに真正面から答えてくれたのがヒックスの最初の本でした。人間の持つ複雑な内面世界をヒックスは様々な研究分野をつなぎ合わせて見事に言語化しています。そして2018年に出版された"Leading With Dignity"(本書の原本)では、さらに踏み込んで、尊厳を単なる概念として扱うのではなく、尊厳理解を日常生活に根差した実践的課題として活用する方法を提示しています。私たちが属している組織やコミュニティにおいて尊厳を守るためにはどうすればよいのか、具体的に示しているところにこの本の意義があります。

私はこの本の翻訳と並行して「尊厳ワークショップ」を様々なところで開催してきました。それは私がこの本を読み自らの反省も踏まえて「尊厳教育」の担い手になりたいと思ったからです。私がこの本を評価する理由は三つあります。まずこの本には、私のように尊厳教育に携わりたい人のための実践的ヒントが含まれています。あなたにも私にも尊厳を守る責任があり、この本にはその実践方法がわかりやすい形で示されています。ヒックスが示す実例は、尊厳を守る営みが決して専門家に限られたものではなく、どんな人にも可能であるという希望を与えるものです。二つ目の理由は私が「尊厳ワークショップ」を通して出会ってきた人たちにあります。言語・文化・国籍・階級・思想・年齢などの違いを問わず、尊厳は私たちを一つにつなぎ合わせます。尊厳に触れる経験は誰にでもあります。その物語が分かち合われるところには共感が生まれます。そして、共感は人をつなげます。私はささやかながら尊厳教育に携わることでもうすでにヒックスが示している可能性を実感しています。三つ目の理由は、この本が「尊厳文化」の創出を訴えていることです。尊厳を守るのは個々の責任であると同時に私たちが所属する組織やコミュニティの課題でもあります。組織の体質やリーダーが下す決断はそこで働くすべての人の尊厳にかかわるほど大事なことです。多くのリーダーがこの本を手にとってヒックスの伝えている真実に耳を傾けることを期待しています。

また、英語からの翻訳で難しかったのは vulnerability という言葉です。英語ではよく使われる単語で、日本語では「弱さ」「傷つきやすさ」「もろさ」などと訳されますが、個人的な弱さだけでなく、社会的に弱い立場にある人々や、高齢や基礎疾患のため病気にかかりやすい人といった様々な意味での脆弱性や無防備な状態を表します。最近の vulnerability 研究では、リスクを承知の上で敢えて自らを傷つきやすい立場に置く勇気や、弱さがつなげる人との絆などに注目し、vulnerability の積極的な意味を考えるようになっています。単なる弱さではなく、強さにも通じる概念として再評価されています。そういう意味で、ヒックスが尊厳を“the value and vulnerability of all living things”と定義づける場合、その弱くて傷つきやすい状態にこそ積極的な意味があるという含みを心にとめていただきたいと願います。

近年、各地で人種的優越をとなえる勢力が台頭し、またトップダウンの組織や国政によって人の尊厳が露骨に踏みにじられるケースが目立ちます。「リーダーは尊厳の擁護者である」という視点でリーダーシップを捉え直すことで、私たちには新たな人間関係の構築と文化の創造に向かって歩み出す夢と責任が与えられることを、私はこの本と出会って強く思わされています。よりよい世界を作りたいと願うすべての人たちに、この本は力と方向性を与えることでしょう。

# 参考文献


◆Bal, P. Matthijs, and Simon B. de Jong. "From Human Resource Management to Human Dignity Development: A Dignity Perspective on HRM and the Role of Workplace Democracy." Pp. 173–195 in M. Kostera and Michael Pirson, eds., *Dignity and the Organization*. Humanism in Business Series. London: Palgrave MacMillan, 2017.

◆Barkow, Jerome. *Missing the Revolution: Darwinism for Social Scientists*. Oxford, UK: Oxford University Press, 2006.

◆Bazerman, Max H. *The Power of Noticing: What the Best Leaders See*. New York: Simon & Schuster, 2014.
邦訳：マックス・H・ベイザーマン『ハーバード流「気づく」技術』(門脇弘典訳、KADOKAWA、2015)

◆Bloom, Paul. Against *Empathy: The Case for Rational Compassion*. New York: HarperCollins, 2016.
邦訳：ポール・ブルーム『反共感論——社会はいかに判断を誤るか』(高橋洋訳、白揚社、2018)

◆Brown, Brene. *Daring Greatly: How the Courage to Be Vulnerable Transforms the Way We Live, Love, Parent, and Lead*. New York: Avery, 2012.
邦訳：ブレネー・ブラウン『本当の勇気は「弱さ」を認めること』(門脇陽子訳、サンマーク出版、2013)

◆Buss, David. *Evolutionary Psychology: The New Science of the Mind*. Boston: Pearson, Allyn and Bacon, 2004.

◆Cameron, Daryl, Michael Inzlicht, and William A. Cunningham. "Empathy Is Actually a Choice." New York Times, July 10, 2015, http://nyti.ms/1GcEOYR[2021年5月31日閲覧].

◆Chaleff, Ira. *The Courageous Follower*. Oakland, CA: Berrett-Koehler, 2009.
邦訳：アイラ・チャレフ『ザ・フォロワーシップ——上司を動かす賢い部下の教科書』(野中香方子訳、ダイヤモンド社、2009)

◆Chapman, Bob, and Raj Sisodia. *Everybody Matters: The Extraordinary Power of Caring for Our People Like Family*. New York: Portfolio/Penguin, 2015.

◆Covey, Stephen M. R., and Douglas R. Conant. "The Connection between Employee Trust and Financial Performance." Harvard Business Review, July 16, 2016.

◆Cozolino, Louis. *The Neuroscience of Psychotherapy*. New York: Norton, 2010.

◆Damon, William, and Anne Colby. *The Power of Ideals: The Real Story of Moral Choice*. Oxford, UK: Oxford University Press, 2015.
邦訳：ウィリアム・デイモン、アン・コルビー『モラルを育む〈理想〉の力——人はいかにして道徳的に生きられるのか』(渡辺弥生、山岸明子、渡邉晶子訳、北大路書房、2020)

◆David, Susan. *Emotional Agility: Get Unstuck, Embrace Change, and Thrive in Work and Life*. New York: Avery, 2016.
邦訳：スーザン・デイビッド『EA ハーバード流こころのマネジメント——予測不能の人生を思い通りに生きる方法』(須川綾子訳、ダイヤモンド社、2018)

◆Davidson, Richard J., with Sharon Begley. *The Emotional Life of Your Brain: How Its Unique Patterns Affect the Way You Think, Feel, and Live——and How You Can Change Them*. New York: Plume, 2013.
邦訳：リチャード・デビッドソン、シャロン・ベグリー『脳には、自分を変える「6つの力」がある。』(茂木健一郎訳、三笠書房、2013)

◆de Nalda, Alvaro Lleo, Manuel Guillen, and Ignacio Gil Pechuan. "The Influence of Ability, Benevolence, and Integrity in Trust between Managers and Subordinates: The Role of Ethical Reasoning." *Business Ethics: A European Review* 25, no. 4 (2016): 556–575.

◆de Waal, Frans. *The Age of Empathy: Nature's Lessons for a Kinder Society*. New York: Harmony Books, 2009.
邦訳：フランス・ドゥ・ヴァール『共感の時代へ——動物行動学が教えてくれること』(柴田裕之訳、紀伊國屋書店、2010)

◆Dunbar, Robin. *Human Evolution*. Oxford, UK: Oxford University Press, 2016.
邦訳：ロビン・ダンバー『人類進化の謎を解き明かす』(鍛原多惠子訳、インターシフト、2016)

◆Dunbar, Robin I. M., and Louise Barrett. *Handbook of Evolutionary Psychology*. Oxford, UK: Oxford University Press, 2007.

◆Dweck, Carol S. *Mindset: The New Psychology of Success*. New York: Ballantine, 2006.
邦訳：キャロル・S・ドゥエック『マインドセット「やればできる！」の研究』(今西康子訳、草思社、2016)

◆Edmondson, Amy C. "Psychological Safety and Learning Behavior in Work Teams." *Administrative Science Quarterly* 44, no. 2 (June 1999): 350–383.

◆———. *Teaming: How Organizations Learn, Innovate, and Compete in the Knowledge Economy*. San Francisco: Jossey-Bass, 2012.

邦訳：エイミー・C・エドモンドソン『チームが機能するとはどういうことか――「学習力」と「実行力」を高める実践アプローチ』(野津智子訳、英治出版、2014)

◆ Eisenberger, N. I., M. D. Lieberman, and K. D. Williams. "Does Rejection Hurt? An fMRI Study of Social Exclusion." *Science* 302, no. 5643 (2003): 290–292.

◆ Farmer, Paul, and Gustavo Gutierrez. *In the Company of the Poor*. New York: Orbis, 2013.

◆ Feinberg, Matthew, Joey Cheng, and Robb Willer. "Gossip as an Effective and Low-Cost Form of Punishment." *Behavioral and Brain Sciences* 35, no. 1 (February 2012).

◆ Fredrickson, Barbara L. *Love 2.0: Creating Happiness and Health in Moments of Connection*. New York: Plume, 2013.
邦訳：バーバラ・L・フレドリクソン『LOVE2.0――あたらしい愛の科学』(松田和也訳、青土社、2014)

◆ Fricchione, Gregory L. *Compassion and Healing in Medicine and Society: On the Nature and Use of Attachment Solutions to Separation Challenges*. Baltimore, MD: Johns Hopkins University Press, 2011.

◆ Fuller, Robert. *Somebodies and Nobodies: Overcoming the Abuse of Rank*. Gabriola Island, Canada: New Societies, 2003.

◆ Giles, Sunnie. "The Most Important Leadership Competencies, According to Leaders around the World." *Harvard Business Review*, March 15, 2016.

◆ Goleman, Daniel. *Emotional Intelligence*. New York: Bantam Books, 1995.
邦訳：ダニエル・ゴールマン『EQ――こころの知能指数』(土屋京子訳、講談社+α文庫、1998)

◆ ———. *Social Intelligence: The New Science of Human Relationships*. New York: Bantam Books, 2006.
邦訳：ダニエル・ゴールマン『SQ生きかたの知能指数――ほんとうの「頭の良さ」とは何か』(土屋京子訳、日本経済新聞出版社、2007)

◆ Guillen, Manuel, and Tomas F. Gonzalez. "The Ethical Dimension of Managerial Leadership: Two Illustrative Case Studies in TQM." *Journal of Business Ethics* 34 (2001): 175–189.

◆ Haidt, Jonathan. "The New Synthesis in Moral Psychology." *Science* 316 (2007): 998–1002.

◆ ———. *The Righteous Mind: Why Good People Are Divided by Politics and Religion*. New York: Vintage, 2013.
邦訳：ジョナサン・ハイト『社会はなぜ左と右にわかれるのか――対立を超えるた

めの道徳心理学』(高橋洋訳、紀伊國屋書店、2014)

◆Harari, Yuval Noah. *Sapiens: A Brief History of Humankind*. New York: HarperCollins, 2015.
邦訳：ユヴァル・ノア・ハラリ『サピエンス全史——文明の構造と人類の幸福[上・下]』(柴田裕之訳、河出書房新社、2016)

◆Hartling, Linda M., and Evelin G. Lindner. "Healing Humiliation: From Reaction to Creative Action." *Journal of Counseling and Development* 94 (2016): 383–390.

◆Heifetz, Ronald A. *Leadership without Easy Answers*. Cambridge, MA: Harvard University Press, 1998.
邦訳：ロナルド・A.ハイフェッツ『リーダーシップとは何か！』(幸田シャーミン訳、産能大学出版部、1996)

◆Heifetz, Ronald A., and Marty Linsky. *Leadership on the Line: Staying Alive through the Dangers of Leading*. Boston: Harvard Business School Press, 2002.
邦訳：ロナルド・A・ハイフェッツ、マーティ・リンスキー『新訳　最前線のリーダーシップ——何が生死を分けるのか』(野津智子訳、英治出版、2018)

◆Hicks, Donna. "A Culture of Indignity and Failure of Leadership." *Humanistic Management Journal* 1, no. 3 (2016): 113–126.

◆———. Dignity: Its Essential Role in Resolving Conflict. New Haven: Yale University Press, 2011.
邦訳：ドナ・ヒックス『Dignity』(ノジェス監修、ワークス淑悦訳、幻冬舎メディアコンサルティング、2020)

◆———. "Dignity Dialogues: An Educational Approach to Healing and Reconciling Relationships in Conflict." In Peter Stearns, ed., *Peacebuilding through Dialogue*. London: Routledge (in press).

◆Hicks, Donna, and Sandra Waddock. "Dignity, Wisdom, and Tomorrow's Ethical Business Leaders." *Business and Society Review* 121, no. 3 (2015):447–462.

◆Hodson, Randy. *Dignity at Work*. Cambridge, UK: Cambridge University Press, 2001.

◆Iacoboni, Marco. *Mirroring People: The New Science of How We Connect with Others*. New York: Farrar, Straus and Giroux, 2008.
邦訳：マルコ・イアコボーニ『ミラーニューロンの発見——「物まね細胞」が明かす驚きの脳科学』(塩原通緒訳、早川書房、2011)

◆James, William. *The Principles of Psychology*. New York: Henry Holt, 1890.

◆Kahneman, Daniel. *Thinking Fast and Slow*. New York: Farrar, Straus and Giroux, 2011.

邦訳：ダニエル・カーネマン『ファスト＆スロー――あなたの意思はどのように決まるか？』(村井章子訳、ハヤカワ文庫、2014)

◆Kegan, Robert, and Lisa Laskow Lahey. *An Everyone Culture: Becoming a Deliberately Developmental Organization*. Boston: Harvard Business Review Press, 2016.
邦訳：ロバート・キーガン、リサ・ラスコウ・レイヒー『なぜ弱さを見せあえる組織が強いのか――すべての人が自己変革に取り組む「発達指向型組織」をつくる』(中土井僚監訳、池村千秋訳、英治出版、2017)

◆———. *Immunity to Change: How to Overcome It and Unlock the Potential in Yourself and Your Organization*. Brighton, MA: Harvard Business Review Press, 2009.
邦訳：ロバート・キーガン、リサ・ラスコウ・レイヒー(『なぜ人と組織は変われないのか――ハーバード流自己変革の理論と実践』(池村千秋訳、英治出版、2013)

◆Kelman, Herbert C. "Informal Mediation by the Scholar/Practitioner." Pp. 64–96 in J. Bercovitch and J. Z. Rubin, eds., *Mediation in International Relations: Multiple Approaches to Conflict Management*. New York: St. Martin's, 1992.

◆Laloux, Frederic. Reinventing Organizations: A Guide to Creating Organizations Inspired by the Next Stage of Human Consciousness. Brussels: Nelson Parker, 2014.
邦訳：フレデリック・ラルー『ティール組織――マネジメントの常識を覆す次世代型組織の出現』(鈴木立哉訳、英治出版、2018)

◆Lieberman, Matthew D. *Social: Why Our Brains Are Wired to Connect*. New York: Crown, 2013.
邦訳：マシュー・リーバーマン『21世紀の脳科学――人生を豊かにする3つの「脳力」』(江口泰子 訳、講談社、2015)

◆Lindner, Evelin. "The Concept of Human Dignity," 2006, www.humiliationstudies.org/whoweare/evelin02.php［2021年5月31日閲覧］.

◆———. *Emotion and Conflict*. Westport, CT: Praeger, 2009.

◆———. *Gender, Humiliation, and Global Security*. Westport, CT: Praeger, 2010.

◆———. *Making Enemies: Humiliation and International Conflict*. Westport, CT: Praeger Security International, 2006.

◆Miller, Jean Baker. *Toward a New Psychology of Women*. 2nd ed. Boston: Beacon, 1976.

◆Mlodinow, Leonard. *Subliminal: How Your Unconscious Mind Rules Your Behavior*. New York: Vintage, 2012.
邦訳：レナード・ムロディナウ『しらずしらず――あなたの9割を支配する「無意識」を科学する』(水谷淳訳、ダイヤモンド社、2013)

◆Ochsner, Kevin. "How Thinking Controls Feeling: A Social Cognitive Neuroscience Approach." Pp. 106–113 in Eddie Harmon-Jones and Piotr Winkielman, eds., *Social Neuroscience*. New York: Guilford, 2007.

◆Panksepp, Jaak, and Lucy Biven. *The Archaeology of Mind: Neuroevolutionary Origins of Human Emotions*. New York: W. W. Norton, 2012.

◆Pfeffer, Jeffrey. *Leadership BS: Fixing Workplaces and Careers One Truth at a Time*. New York: HarperCollins, 2015.
邦訳：ジェフリー・フェファー『悪いヤツほど出世する』(村井章子訳、日本経済新聞出版社、2016)

◆Pirson, Michael. *Humanistic Management: Protecting Dignity and Promoting Well-Being*. Cambridge, UK: Cambridge University Press, 2017.

◆Porath, Christine. *Mastering Civility: A Manifesto for the Workplace*. New York: Grand Central Publishing, 2016.
邦訳：クリスティーン・ポラス『Think CIVILITY ――「礼儀正しさ」こそ最強の生存戦略である』(夏目大訳、東洋経済新報社、2019)

◆Robinson, Ken, and Lou Aronica. *Creative Schools: The Grassroots Revolution That's Transforming Education*. New York: Viking, 2015.
邦訳：ケン・ロビンソン、ルー・アロニカ『CREATIVE SCHOOLS ――創造性が育つ世界最先端の教育』(岩木貴子訳、東洋館出版社、2019)

◆Samet, Elizabeth D. *Leadership: Essential Writings by Our Greatest Thinkers*. New York: W. W. Norton, 2015.

◆Sapolsky, Robert M. *Behave: The Biology of Humans at Our Best and Worst*. New York: Penguin, 2017.

◆Scheff, Thomas J., and Suzanne M. Retzinger. *Emotions and Violence: Shame and Rage in Destructive Conflicts*. Lexington MA: Lexington Books, 1991.

◆Schumann, Karine, Jamil Zaki, and Carol S. Dweck. "Addressing the Empathy Deficit: Beliefs about the Malleability of Empathy Predict Effortful Responses When Empathy Is Challenging." *Journal of Personality and Social Psychology* 107 (2014): 475–493.

◆Seligman, Martin E. P. *Flourish: A Visionary New Understanding of Happiness and Well-Being*. New York: Atria, 2012.
邦訳：マーティン・セリグマン『ポジティブ心理学の挑戦――"幸福"から"持続的幸福"へ』(宇野カオリ監訳、ディスカヴァー・トゥエンティワン、2014)

◆Shapiro, Daniel. *Negotiating the Nonnegotiable: How to Resolve Your Most Emotionally*

*Charged Conflicts*. New York: Viking, 2016.
邦訳：ダニエル・L・シャピロ『決定版　ネゴシエーション3.0——解決不能な対立を心理学的アプローチで乗り越える』(田村次朗、隅田浩司監訳、金井真弓訳、ダイヤモンド社、2020)

◆Stone, Douglas, and Sheila Heen. *Thanks for the Feedback: The Science and Art of Receiving Feedback Well*. New York: Penguin, 2014.

◆Szalavitz, Maia, and Bruce D. Perry. *Born for Love: Why Empathy Is Essential and Endangered*. New York: Harper, 2010.
邦訳：ブルース・D.ペリー、マイア・サラヴィッツ『子どもの共感力を育てる』(戸根由紀恵訳、紀伊國屋書店、2012)

◆Tannenbaum, Melanie. "'But I Didn't Mean It.' Why It's So Hard to Prioritize Impacts over Intents." *Scientific American Blog Network*, October 14, 2014.

◆Taylor, Jill Bolte. *My Stroke of Insight: A Brain Scientist's Personal Journey*. New York: Viking, 2006.
邦訳：ジル・ボルト・テイラー『奇跡の脳』(竹内薫訳、新潮社、2009)

◆Thoreau, Henry David. *Civil Disobedience and Other Essays*. Mineola, NY: Dover Thrift Editions, 1993.

◆Valcour, Monique. "The Power of Dignity in the Workplace." *Harvard Business Review*, April 28, 2014.

◆von Kimakowitz, Ernst, et al. "Introducing This Book and Humanistic Management." Pp. 1–12 in Ernst von Kimakowitz et al., *Humanistic Management Practice*. Humanism in Business Series. London: Palgrave Macmillan, 2010.

◆Weisbord, Marvin R. *Productive Workplaces: Dignity, Meaning, and Community in the Twenty-First Century*. San Francisco: Jossey Bass, 2012.

◆Wilson, Edward O. *The Meaning of Human Existence*. New York: Liveright, 2014.
邦訳：エドワード・O・ウィルソン『ヒトはどこまで進化するのか』(小林由香利訳、亜紀書房、2016)

◆———. *Social Conquest of the Earth*. New York: Liveright, 2012. Zak, Paul J. The Moral Molecule: The Source of Love and Prosperity. New York: Dutton, 2012.
邦訳：エドワード・O・ウィルソン『人類はどこから来て、どこへ行くのか』(斉藤隆央訳、化学同人、2013)

◆———. "The Neuroscience of Trust." Harvard Business Review (January–February 2017 online issue); https://hbr.org/2017/01/the-neuroscience-of-trust.［2021年5月31日閲覧］

# 注釈

## 序章


1.——Panksepp and Biven, *Archaeology of Mind*.

2.——Heifetz, *Leadership without Easy Answers*.(邦訳『リーダーシップとは何か！』)

3.——筆者は、デズモンド・ツツ大司教と共同でBBCのTVシリーズ「Facing Truth」(3部構成、BBC UK BBC World製作、2006年3月放映)の進行役を務めた。このシリーズでは、北アイルランド紛争の被害者と加害者を集め、カトリックとプロテスタントとの間の和解を試みた。

4.——Samet, *Leadership*.(邦訳『偉人たちの言葉に見るリーダーシップ』)

5.——Fuller, *Somebodies and Nobodies*

6.——Eisenberger, Lieberman, and Williams, "Does Rejection Hurt?"

7.——Hicks and Waddock, "Dignity, Wisdom, and Tomorrow's Ethical Business Leaders."


## 第1章　尊厳を尊重するための10の要素


1.——人間の尊厳と恥についての研究ネットワークの詳細は、https://www.humiliationstudies.org[2021年5月31日閲覧]を参照のこと

2.——Lindner, "Concept of Human Dignity"; Lindner, *Emotion and Conflict*; Lindner, *Gender, Humiliation, and Global Security*; Lindner, *Making Enemies*.

3.——Lieberman, *Social*.(邦訳『21世紀の脳科学 人生を豊かにする3つの「脳力」』)

4.——Harari, *Sapiens*.(邦訳『サピエンス全史[上・下]』)

5.——Hartling and Lindner, "Healing Humiliation."

6.——Eisenberger, Lieberman, and Williams, "Does Rejection Hurt?"

7.——Bazerman, *Power of Noticing*.(邦訳『ハーバード流「気づく」技術』)

8.——Szalavitz and Perry, *Born for Love*.(邦訳『子どもの共感力を育てる』)

9.——Pirson, *Humanistic Management*.(邦訳『人間的マネージメント——尊厳を守り幸福を促進する』)

10.——Von Kimakowitz et al., "Introducing This Book and Humanistic Management."

11.——Giles, "Most Important Leadership Competencies."

12.——Valcour, "Power of Dignity in the Workplace."

13.——Hodson, *Dignity at Work*.
14.——Porath, *Mastering Civility*.(邦訳『Think CIVILITY「礼儀正しさ」こそ最強の生存戦略である』)

## 第2章　尊厳を侵害しないための10要素

1.——Mlodinow, *Subliminal*.(邦訳『しらずしらず——あなたの9割を支配する「無意識」を科学する』)
2.——David Buss, *Evolutionary Psychology*.
3.——Wilson, *Social Conquest of the Earth*.(邦訳『人類はどこから来て、どこへ行くのか』)
4.—— Barkow, *Missing the Revolution*.
5.—— Dunbar and Barrett, *Handbook of Evolutionary Psychology*.
6.—— Haidt, *Righteous Mind*.
7.—— Hartling and Lindner, "Healing Humiliation."
8.——Wilson, *Meaning of Human Existence*,179頁より引用
9.——Wilson, *Social Conquest of the Earth*(邦訳『人類はどこから来て、どこへ行くのか』)原著248頁より引用。訳は訳者による。
10.——James, *Principles of Psychology*.

## 第3章　尊厳の深みと広がり——尊厳意識が意味する3つのC

1.——コロンビア大学の紛争解決・協同国際センター(ICCCR)についての情報は、http://icccr.tc.columbia.edu[2021年5月31日閲覧]を参照

## 第4章　リーダーシップと人作り——人はどのようにつながっているのか?

1.——Samet, *Leadership*.(邦訳『偉人たちの言葉に見るリーダーシップ』)
2.—— Pfeffer, *Leadership BS*.(邦訳『悪いヤツほど出世する』)
3.—— Heifetz and Linsky, *Leadership on the Line*.(邦訳『最前線のリーダーシップ——危機を乗り越える技術』)
4.——Kegan and Lahey, *Immunity to Change*.(邦訳『なぜ人と組織は変われないのか——ハーバード流 自己変革の理論と実践』)
5.——前掲
6.——Davidson with Begley, *Emotional Life of Your Brain*.(邦訳『脳には、自分を変える

「6つの力」がある。』)

7.——Kegan and Lahey, *An Everyone Culture*(邦訳『なぜ弱さを見せあえる組織が強いのか——すべての人が自己変革に取り組む「発達指向型組織」をつくる』)原著9頁より引用

8.——Hartling and Lindner, "Healing Humiliation."

9.——Hicks, *Dignity*.(邦訳『Dignity』)

## 第5章 未来のリーダーのための尊厳教育

1.——トリニティ・バレー・スクールについてはhttps://www.trinityvalleyschool.org/[2021年5月31日閲覧]を参照。ゲリー・クラークの発言は著者との個人的な対話によるもの

2.——キャロル・グラメンティンのアプローチと学生についての考察は、著者との個人的な対話によるもの

3.——ラホヤ・カントリー・デイ・スクールについてはhttps://www.ljcds.org[2021年5月31日閲覧]を参照

4.——次段落での先生たちによる発言の引用は、著者との個人的な対話によるもの

5.——バークレー・キャロル・スクールについてはhttps://www.berkeleycarroll.org[2021年5月31日閲覧]を参照

6.——マイク・ウィルパーの尊厳に関する教えと生徒による発言の引用は著者との個人的な対話によるもの

## 第6章 生涯を通じた学習と発達を奨励し模範を示す

1.——Robinson and Aronica, *Creative Schools*.(邦訳『CREATIVE SCHOOLS——創造性が育つ世界最先端の教育』)

2.——Thoreau, *Civil Disobedience and Other Essays*.(邦訳『ソローの市民的不服従——悪しき「市民政府」に抵抗せよ』)

3.——Dweck, *Mindset*.(邦訳『マインドセット「やればできる!」の研究』)

4.——David, *Emotional Agility*.(邦訳『EA ハーバード流こころのマネジメント——予測不能の人生を思い通りに生きる方法』)

5.——Kegan and Lahey, *An Everyone Culture*.(邦訳『なぜ弱さを見せあえる組織が強いのか——すべての人が自己変革に取り組む「発達指向型組織」をつくる』)

## 第7章　場の空気を作る――傷つきやすい自分を安心して出せるように

1.――Miller, *Toward a New Psychology of Women*.(邦訳『yes,But…――フェミニズム心理学をめざして』)
2.――Mlodinow, *Subliminal*.(邦訳『しらずしらず――あなたの9割を支配する「無意識」を科学する』)
3.――Edmondson, "Psychological Safety and Learning Behavior in Work Teams."
4.――Edmondson, *Teaming*.(邦訳『チームが機能するとはどういうことか――「学習力」と「実行力」を高める実践アプローチ』)
5.――Stone and Heen, *Thanks for the Feedback*.
6.――Tannenbaum, "But I Didn't Mean It."
7.――Brown, *Daring Greatly*.(邦訳『本当の勇気は「弱さ」を認めること』)

## 第8章　信頼を育む

1.――Bal and de Jong, "From Human Resource Management to Human Dignity Development."
2.――De Nalda, Guillen, and Pechuan, "Influence of Ability, Benevolence, and Integrity."
3.――Covey and Conant, "Connection between Employee Trust and Financial Performance."
4.――Guillen and Gonzalez, "Ethical Dimension of Managerial Leadership."
5.――Sapolsky, *Behave*.
6.――Szalavitz and Perry, *Born for Love*.(邦訳『子どもの共感力を育てる』)
7.――Zak, *Moral Molecule*.(邦訳『経済は「競争」では繁栄しない――信頼ホルモン「オキシトシン」が解き明かす愛と共感の神経経済学』)
8.――Zak, "Neuroscience of Trust."

## 第9章　共感を活性化させる

1.――Goleman, *Social Intelligence*.(邦訳『SQ生きかたの知能指数――ほんとうの「頭の良さ」とは何か』)原著29頁より引用。訳は訳者による。
2.――前掲書58頁
3.――前掲書59頁
4.――Szalavitz and Perry, *Born for Love*(邦訳『子どもの共感力を育てる』)原著4頁
5.――Bloom, *Against Empathy*.(邦訳『反共感論――社会はいかに判断を誤るか』)

6.——前掲書5頁。訳は訳者による。
7.——前掲書108頁
8.——Cameron, Inzlicht, and Cunningham, "Empathy Is Actually a Choice."
9.——Schumann, Zaki, and Dweck, "Addressing the Empathy Deficit."
10.——Sapolsky, *Behave*.
11.——De Waal, *Age of Empathy*.(邦訳『共感の時代へ——動物行動学が教えてくれること』)
12.——Dunbar, *Human Evolution*.(邦訳『人類進化の謎を解き明かす』)

## 第10章　バルコニーへ向かう——より高い視点から自分を見る

1.——Heifetz, *Leadership without Easy Answers*.(邦訳『リーダーシップとは何か!』)
2.——Goleman, *Emotional Intelligence*.(邦訳『EQ——こころの知能指数』)
3.——Taylor, My Stroke of Insight(邦訳『奇跡の脳——脳科学者の脳が壊れたとき』)原著18頁。訳は訳者による。
4.——Panksepp and Biven, *Archaeology of Mind*.
5.——マサチューセッツ州ケンブリッジにあるCenter for Changeのアマンダ・カーティンは、幼少期のトラウマや大人になってから似た出来事に遭遇したときに再燃してしまう神経の治療を専門としている。詳しい情報はhttp://www.centerforchange.com[2021年5月31日閲覧]を参照。
6.——Davidson, *Emotional Life of the Brain*.(邦訳『脳には、自分を変える「6つの力」がある。』)
7.——Ochsner, "How Thinking Controls Feeling."

## 第11章　責任を取る

1.——Samet, *Leadership*.
2.——「勇気」の定義はwww.dictionary.com[2021年5月31日閲覧]による。
3.——Haidt, *Righteous Mind*.(邦訳『社会はなぜ左と右にわかれるのか——対立を超えるための道徳心理学』)
4.——Lindner, *Gender, Humiliation, and Global Security*.
5.——Hartling and Lindner, "Healing Humiliation."
6.——Scheff and Retzinger, *Emotions and Violence*.

## 第12章　尊厳教育を推奨する

1.——Chaleff, *Courageous Follower*.(邦訳『ザ・フォロワーシップ——上司を動かす賢い部下の教科書』)

2.——Weisbord, *Productive Workplaces*.

3.——Kegan and Lahey, *An Everyone Culture*.(邦訳『なぜ弱さを見せあえる組織が強いのか——すべての人が自己変革に取り組む「発達指向型組織」をつくる』)

4.——Hartling and Lindner, "Healing Humiliation."

5.——Dweck, *Mindset*.(邦訳『マインドセット——「やればできる!」の研究』)

6.——Laloux, *Reinventing Organizations*.(邦訳『ティール組織——マネジメントの常識を覆す次世代型組織の出現』)

7.——Kegan and Lahey, *An Everyone Culture*.(邦訳『なぜ弱さを見せあえる組織が強いのか——すべての人が自己変革に取り組む「発達指向型組織」をつくる』)

8.——Samet, *Leadership*.

## 第13章　みんなのための尊厳教育プログラムを導入する

1.——コロンビア大学教員養成課程教養学部の紛争解決・協同国際センター(ICCCR)についてはhttps://icccr.tc.columbia.edu[2021年5月31日閲覧]を参照

2.——Iacoboni, *Mirroring People*.(邦訳『ミラーニューロンの発見——「物まね細胞」が明かす驚きの脳科学』)

## 第14章　尊厳の強みと弱みを評価する

1.——Cozolino, *Neuroscience of Psychotherapy*.

2.——Ochsner, "How Thinking Controls Feeling."

3.——ダブリン市警察庁長官ジャック・ノーランとの会話は、アイリッシュ・インスティチュート・オブ・ボストン・カレッジのプログラム「Alternatives to Political Violence」(ボブ・マーロ主催、2013年1月開催)の一環

## 第15章　尊厳の傷と向きあう

1.——Hicks, "A Culture of Indignity and Failure of Leadership."

2.——Farmer and Gutierrez, *In the Company of the Poor*.

## 第16章　尊厳を重視して現在と未来の対立を解決する

1.——Kelman, "Informal Mediation."

2.——De Waal, *Age of Empathy*.(邦訳『共感の時代へ——動物行動学が教えてくれること』)

3.——Shapiro, *Negotiating the Nonnegotiable*.(邦訳『決定版　ネゴシエーション3.0——解決不能な対立を心理学的アプローチで乗り越える』)

4.——Iacoboni, *Mirroring People*.(邦訳『ミラーニューロンの発見：「物まね細胞」が明かす驚きの脳科学』)

5.——Amnesty International, "Look Refugees in the Eye: Powerful Video Experiment Breaks Down Barriers"(2016年5月24日、https://www.amnesty.org/en/latest/news/2016/05/look-refugees-in-the-eye/[2021年5月31日閲覧])

6.——Feinberg, Cheng, and Willer, "Gossip as an Effective and Low-Cost Form of Punishment."

7.——Sapolsky, *Behave*.

8.——Kahneman, *Thinking Fast and Slow*.(邦訳『ファスト＆スロー——あなたの意思はどのように決まるか？』)

## 第17章　尊厳の誓約

1.——Wilson, *Meaning of Human Existence*.(邦訳『ヒトはどこまで進化するのか』)

2.——Damon and Colby, *Power of Ideals*.(邦訳『モラルを育む〈理想〉の力——人はいかにして道徳的に生きられるのか』)

3.——Haidt, "New Synthesis in Moral Psychology."

4.——Damon and Colby, *Power of Ideals*.(邦訳『モラルを育む〈理想〉の力——人はいかにして道徳的に生きられるのか』)原著65頁より引用。訳は訳者による。

5.——前掲書57頁

6.——Chapman and Sisodia, *Everybody Matters*, 121頁

## 第18章　尊厳の学びと実践を標準化する

1.——ディック・ココッザとの個人的な対話、2017年7月

## 第19章　人類、ただいま向上中——尊厳を重視したリーダーシップの報酬

1.——Fredrickson, *Love 2.0*.(邦訳『LOVE2.0——あたらしい愛の科学』)

2.——Fricchione, *Compassion and Healing in Medicine and Society* 原著5頁より引用

3.——Lindner, Gender, *Humiliation, and Global Security*.

4.——Szalavitz and Perry, *Born for Love*.(邦訳『子どもの共感力を育てる』)

5.——Seligman, Flourish.(邦訳『ポジティブ心理学の挑戦——“幸福”から“持続的幸福”へ』)

6.——「感情の土台」という考え方を紹介してくれたキャロライン・ヘイズに感謝します。

7.——尊厳を持って導くだけでなく尊厳のために導く必要を示唆してくれたドナ・ボーンに感謝します。

[著者について]

**ドナ・ヒックス(Donna Hicks)**

世界各地の紛争解決に携わってきた心理学者。紛争解決の専門家。紛争解決や対立関係において尊厳が果たす役割に注目し、「ディグニティ(尊厳)モデル」を考案。ハーバード大学をはじめ、クラーク大学、コロンビア大学の紛争解決コースで教鞭をとる一方、米国および海外でリーダーシップ研修、トレーニングと教育セミナーを実施。クライアントは、世界銀行、国連、米海軍、世界各地の政府、米国内の企業、学校、病院など。著書に『Dignity』(幻冬舎)がある。

[訳者について]

**ジェフリー・メンセンディーク(Jeffrey Mensendiek)**

桜美林大学准教授・兼大学チャプレン。米国合同教会(Common Global Ministries)宣教師。日本キリスト教団東北教区センター・エマオ主事、関西学院大学宗教センター宗教主事などを経て現職。日本育ちのアメリカ人として異なる文化の懸け橋になりたいと願ってきた。「九条世界宗教者会議」の同時通訳をはじめ、民族、宗教、社会的背景の異なる人々の想いをつなげる活動に力を注ぐ。共著に『東アジアの平和と和解』(関西学院大学出版会)がある。


**〈尊厳《そんげん》〉のリーダーシップ**

**人や組織の内なる力を引き出すディグニティ・モデル**

2021年6月30日　初版

著　者　ドナ・ヒックス
訳　者　ジェフリー・メンセンディーク
発行者　株式会社晶文社
　　　　東京都千代田区神田神保町1-11 〒101-0051
電　話　03-3518-4940(代表)・4942(編集)
U R L　http://www.shobunsha.co.jp
印刷・製本　中央精版印刷株式会社





ISBN978-4-7949-7270-5 Printed in Japan